I CALL YOU !!!

Eine Satire aus der modernen Call-Hölle

Dieses Buch ist reine Fiktion, die jedoch leider auch der Wirklichkeit entsprechen könnte. Es ist mehreren Familienmitgliedern und Freunden gewidmet, die bereits Erfahrung mit der Call-Center-Welt machen durften.

Die in diesem Buch kritisierte „Call-Hölle" bezieht sich ausschließlich auf so genannte „Out-Bound-Center". Hier werden Auftragsanrufe ausgeführt, die schon für den Angerufenen gelinde gesagt als penetrant bezeichnet werden dürfen – der Autor ist selbst oft genug Opfer.

Die Bedingungen für die Mitarbeiter in dieser Maschinerie aber sind sozial und menschlich manchmal ähnlich einer Legehennen-Batterie – und diese Eier essen Sie doch auch nicht, oder? Mein Tipp: einfach auflegen.

Um Missverständnissen und aufkommenden Konflikten vorzubeugen, weist der Autor bereits an dieser Stelle ausdrücklich darauf hin, das Recht der Satire in Anspruch zu nehmen.

Ähnlichkeiten mit lebenden Personen, Behörden und sonstigen Einrichtungen sind rein zufällig und ohne Absicht der Kränkung oder Beleidigung.

„Im Leben lernt der Mensch zuerst gehen und sprechen. Später lernt er dann stillzusitzen und den Mund zu halten."
(Marcel Pagnol, 1895 – 1974, franz. Schriftsteller)

Hans-Peter Trimborn

I CALL YOU !!!

Eine Satire aus der modernen „Call-Hölle"

Bibliografische Information der Deutschen Nationalbibliothek:
Die Deutsche Nationalbibliothek verzeichnet diese Publikation
in der Deutschen Nationalbibliografie; detaillierte bibliografische
Daten sind im Internet über http://dnb.dnb.de abrufbar.

© 2012 taunus4family / Eva Tiedke-Trimborn
© himberry / photocase.com (Titelfoto)
© www.onlinewahn.de (Zeitungs- & Urkundenbearbeitung)

Herstellung und Verlag: BoD – Books on Demand, Norderstedt
ISBN: 978-3-8482-5679-2

Inhaltsverzeichnis

Auszug aus dem Grundgesetz für die Bundesrepublik Deutschland, 23.05.1949;

Art 1 (1) Die Würde des Menschen ist unantastbar. Sie zu achten und zu schützen ist Verpflichtung aller staatlichen Gewalt.

Art 3 (1) Alle Menschen sind vor dem Gesetz gleich.

(2) Männer und Frauen sind gleichberechtigt. Der Staat fördert die tatsächliche Durchsetzung der Gleichberechtigung von Frauen und Männern und wirkt auf die Beseitigung bestehender Nachteile hin.

(3) Niemand darf wegen seines Geschlechtes, seiner Abstammung, seiner Rasse, seiner Sprache, seiner Heimat und Herkunft, seines Glaubens, seiner religiösen oder politischen Anschauungen benachteiligt oder bevorzugt werden. Niemand darf wegen seiner Behinderung benachteiligt werden.

Art 4 (1) Die Freiheit des Glaubens, des Gewissens und die Freiheit des religiösen und weltanschaulichen Bekenntnisses sind unverletzlich.

(2) Die ungestörte Religionsausübung wird gewährleistet.

Art 5 (1) Jeder hat das Recht, seine Meinung in Wort, Schrift und Bild frei zu äußern und zu verbreiten und sich aus allgemein zugänglichen Quellen ungehindert zu unterrichten. Die Pressefreiheit und die Freiheit der Berichterstattung durch Rundfunk und Film werden gewährleistet. Eine Zensur findet nicht statt.

K.-H. Döngermann
Schießmichtot-Straße 61
Irgendwo 50 km von Berlin entfernt

An die
Personaldienstleistung „werd′ endlich was"
z.H. Frau Sonja Bungerfrau
Charlottenstraße 87-90
10969 Berlin   01. Mai 2012
                                        (Tag der Arbeit)

Unser Gespräch zu meiner persönlichen Entwicklung

Sehr geehrte Frau Bungerfrau,

seit unserem Gespräch in der vergangenen Woche sind einige Tage vergangen, die ich zur Verarbeitung des Gesprächsinhaltes auch benötigt habe. Für Ihre klaren und konstruktiven Worte möchte ich Ihnen von Herzen danken. Manchmal benötigt es eines „Winkes mit dem Zaunpfahl", um die Dinge auch mal von der anderen Seite zu sehen.

Sie haben ja so recht, wenn Sie meine über so viele Jahre laufende Phase von stetem Auf- und Ab als Freiberufler, leitender Angestellter und unfreiwilligen Arbeitspausen als ein „besonderes" Lebenswerk bezeichnen, aber dass ich mit dem Blick nach vorne auch die neuen Gegeben-heiten beachten muss.

Das von Ihnen vermittelte Angebot bei dem Call-Center D.P.V. Ltd. in Berlin-Mitte habe ich angenommen.

Es ist so schön, endlich wieder mit einem festen Einkommen rechnen zu können nach den vielen Jahren mit großen Unwägbarkeiten. Sie baten mich bei unserem Abschied, Sie über die Entwicklung auf dem Laufenden zu halten. Gerne möchte ich diesem Wunsch entsprechen und werde Ihnen in regelmäßigen Abständen berichten.

Bei dieser Gelegenheit und vor dem Wunsch auf eine gute Zusammenarbeit möchte ich noch mal meine Dankbarkeit betonen, dass Sie mir die Augen so deutlich geöffnet haben.

Mit besten Grüßen

Dr. Ing. K-H. Döngermann,
Bau-Ökonom und Volkswirt VWA.

K.-H. Döngermann
Schießmichtot-Straße 61
Irgendwo 50 km von Berlin entfernt

An die
Personaldienstleistung „werd´ endlich was"
z.H. Frau Sonja Bungerfrau
Charlottenstraße 87-90
10969 Berlin   09. Mai 2012

Erste Berichterstattung

Sehr geehrte Frau Bungerfrau,

auch wenn ich von Ihnen noch keine Antwort auf mein
Schreiben erhalten habe, möchte ich mein Versprechen
einlösen und Ihnen von meinen ersten Tagen in dem
Call-Center D.P.V. Ltd. berichten.

Es ist ein so wunderbares Erlebnis, diese Kollegialität
und geniale Führung im Unternehmen genießen zu
dürfen. Gleich am ersten Tag bekam ich von Frau Kowalski <u>acht (!!!)</u> „Latte Macchiato" – kennen Sie dieses
für mich völlig unbekannte, köstliche Getränk? - in der
Kaffee-Küche spendiert. Mit der Meisterin der Kaffeemaschine sind die altgedienten Mitarbeiter (das sind die
Mitbürger, die länger als zwei Monate im Unternehmen

sind) in einem persönlichen Verhältnis und vermeiden das Siezen.

Frau Kowalski ist wirklich sehr sympathisch und kann jedem Mitarbeiter sein Wunsch-Getränk zuordnen, auch bei mir weiß Sie bereits, welche Marke ich bevorzuge. In meinem direkten Arbeitsumfeld habe ich schon erste nette Kontakte geknüpft.

Zum Beispiel mit Kurt Freudenfels aus Frankfurt / Oder, der wohl auch manchmal den gleichen Zug wie ich zur Arbeit wählt. Leider ist Kurt nach seiner Langzeit-Arbeitslosigkeit (einfach tragisch, wie nach der Ärzte-Schwemme in den 90-er Jahren bei radikalen Krankenhaus-Umbauten in Ostdeutschland mit den Mitarbeitern umgegangen worden ist) und jetzt 62 Lebensjahren nur noch wenige Jahre berufstätig. Einen so netten Menschen hätte man gerne viel länger um sich.

Sehr angenehm ist auch unsere Teamleitung, Herr Demirel Üzel. Er ist sehr wortgewandt, kleidet sich schick und kann sich wirklich alles merken. Erstaunlich, was heutzutage die jungen Menschen Mitte Zwanzig für Fähigkeiten besitzen. Für mich, mehr als doppelt so alt, einfach ein Beweis, dass viel zu oft über die Jugend ungerecht geurteilt wird.

Zum Beispiel hat Herr Üzel es gleich an meinem zweiten Arbeitstag verstanden die Gruppe zu motivieren. Stellen Sie sich das vor: Unser Auftrag lautet, möglichst viele Kunden von einem neuen Telefon-Tarif zu überzeugen. Darauf baut auch das Geschäftsmodell auf, welches aus meiner Sicht als Volkswirt VWA überaus erfolgreich und zukunftsträchtig ist.

Als wir gestern nach der Mittagpause eine leichte Motivations-Schwäche hatten, zeigte Herr Üzel absolute Management-Qualitäten. Wir mussten uns alle hinstellen, was ja schon allein für sich gesehen aufgrund der ansonsten langen Intervalle einer sitzenden Tätigkeit zu begrüßen ist, und durften uns erst setzen, wenn wir einen Kunden von dem Produkt überzeugt hatten.

Liebe Frau Bungerfrau, ich war wirklich positiv überrascht, wie motivierend es ist, wenn man sich nach zwei Stunden wieder setzen darf. Noch am gleichen Abend habe ich davon meiner Frau und den drei großen von unseren fünf Kindern erzählt, die nach meiner Heimkehr um 23 Uhr noch wach waren. Auch sie finden das einfach toll und freuen sich jetzt noch mehr auf das Berufsleben.

Die Mitarbeiter werden im Unternehmen auch intensiv eingebunden, was weitere hohe Motivation erzeugt. Allein das Gehaltsmodell ist schon eine eigene Berichterstattung wert, ich fürchte aber, Sie können sich neben Ihren so zahlreichen Aufgaben nicht allen Details widmen. Daher fasse ich mich an dieser Stelle knapp und schildere nur kurz, wie die Wachstumsmöglichkeiten gestaffelt sind.

Mein Grundlohn beträgt, wie Sie wissen, in der Stunde *8 €*. Wenn ich in den nächsten drei Monaten immer pünktlich bin und keine Fehlzeiten habe, wird auf *9 €* pro Stunde aufgestockt, rückwirkend! Welcher Arbeitgeber ist heute noch so großzügig? Dazu kommt eine klar verständliche Erfolgsbeteiligung: wenn es mir gelingt, pro Tag x-Kunden von dem beworbenen Produkt zu überzeugen, erhalte ich sogar *11 €* pro Stunde, ebenfalls rückwirkend.

Natürlich wird das nicht einfach sein, insbesondere die Fehlzeiten machen einigen Kollegen immer wieder einen Strich durch das fast erreichte Ziel.

Kurt Freudenfels zum Beispiel hatte bereits alle Ziele fast erreicht und unglaublich viele Kunden von dem Produkt überzeugen können, als sich in seinem Heimatort ein frustrierter Bürger vor den Zug warf und damit einen außerplanmäßigen Halt provozierte. Das war, abgesehen von dem armen Zugführer, der jetzt sicher einen Schock hat und abgesehen von dem armen Kerl, den welche Umstände auch immer zu dieser Kurzschluss-Handlung getrieben haben, ein wirklich düsterer Tag für Herrn Freudenfels. Alle Anstrengungen wurden zunichte gemacht, er erhielt für diese Phase tatsächlich nur den anfänglichen Lohn von *8 €* pro Stunde.

Zum Glück ist Herr Freudenfels ein starker Charakter, der mit seiner Lebenserfahrung und seinem Optimismus auch die schwierigsten Fahrwasser gut umschifft.

Sein Ziel hat er bereits wieder vor Augen, im nächsten Quartal will er die *11 €*-Marke knacken!

Wie er mir berichtete, konnte er im Reisebüro mit nur 50%-Stornokosten die in Vorfreude bereits gebuchte Kurz-Reise für seine Frau und sich an die Ostsee annullieren – ich sage es ja immer wieder „verteile das Bärenfell erst, wenn der Bär wirklich erlegt ist".

Aber ich kann Herrn Freudenfels verstehen, die braven Leute haben seit Jahren keinen Urlaub mehr machen können, da hätten ihm die drei Tage wirklich gut getan.

Verehrte Frau Bungerfrau, für heute muss das genügen, da ich diese Briefe immer auf dem Computer eines Freundes schreibe. Aber ich spare kräftig von meinem Lohn, damit wir uns auch zu Hause möglichst bald ein Gerät anschaffen können.

Es wird aber noch etwas dauern. Ich freue mich darauf, von Ihnen zu lesen oder zu hören.

Mit besten Grüßen, Ihr

Dr. Ing. K-H. Döngermann,
Bau-Ökonom und Volkswirt VWA.

K.-H. Döngermann

Schießmichtot-Straße 61

Irgendwo 50 km von Berlin entfernt

An die

Personaldienstleistung „werd´ endlich was"

z.H. Frau Sonja Bungerfrau

Charlottenstraße 87-90

10969 Berlin   16. Mai 2012

Zweite Berichterstattung

Sehr geehrte Frau Bungerfrau,

vorgestern war ich im Bezirksamt Berlin-Mitte vor-
stellig, da meine Sozialversicherungs-Unterlagen nicht
auffindbar sind. Bei dieser Gelegenheit hatte ich auch
versucht, Ihnen einen persönlichen Besuch abzustatten.
Wie mir mitgeteilt wurde, hatten Sie die Gelegenheit
der kurzen Sommerfreuden für einen redlich verdienten,
spontanen Urlaubstag genutzt. Ich freue mich für Sie!

Grund meines Besuches war neben der ungebrochenen
Freude an meiner Tätigkeit die Frage, welche Kosten für
meine Einarbeitung in das umfangreiche Aufgabengebiet durch mich selbst getragen werden müssen. Selbstverständlich ist mir bewusst, dass in unseren heutigen

Zeiten jeder Bürger einen Pflichtbeitrag zum gesellschaftlichen Wachstum leisten muss.

Schon J. F. Kennedy hat den historischen Ausspruch geprägt „schaue nicht, was der Staat für Dich tun kann, sondern schau, was Du für den Staat tun kannst".

In Vorbereitung auf meine Erwerbstätigkeit bei dem Call-Center D.P.V. Ltd. hatte ich meine alten Unterlagen studiert und mein profundes Fachwissen aufgefrischt. Die Tätigkeit bei D.P.V. Ltd. stellt sich nun als wahrer Segen für meine Horizonterweiterung dar, wir alle dürfen in den ersten sechs Tagen einen Kurs über das richtige Verkaufsgespräch am Telefon absolvieren, kombiniert mit den bereits ersten Kunden-Gesprächen. Verständlicherweise ist es anfänglich etwas hemmend, wenn uns eine Wiederholung auferlegt wird.

Aber Herr Üzel bringt es genau auf den Punkt, wenn er die Vorzüge des beworbenen Produktes beschreibt in einer derart blumigen, überzeugenden Art, dass man selbst gerne am anderen Ende der Telefonleitung wäre und einfach nur einen Vertrag mit der D.P.V. Ltd. abschließen möchte.

Er bringt diese Worte so wunderbar heraus, selbst die kleinen Unwahrheiten, die man im Verkauf manchmal akzeptieren muss. Ein Beispiel möchte ich Ihnen geben:

„Grüß Gott! Demirel Üzel ist mein Name, ich melde mich im Auftrag der zweidreivier GmbH aus Graz. Spreche ich mit Familie Müller aus Wien?

Wuuuunderbar, ich grüße Sie, Frau Müller. Es geht um Ihren Telefonanschluss in der Heidengasse 13. Haben Sie diesen bei der 17/5-GmbH? Hervorragend, so soll es ja auch sein! Frau Müller, wir von der zweidreivier GmbH bieten Ihnen jetzt die Möglichkeit mit unserem zweidreivierphone2000-Tarif in das gesamte Festnetz schon ab nur 0,98 Cent/Minute zu telefonieren, das bedeutet, Sie telefonieren ab sofort bei den Orts- und Ferngesprächen suuupergünstig. Aufgrund unserer aktuellen Aktion von der zweidreivier GmbH erhalten Sie zusätzlich 120 Freiminuten in das gesamte nationale Festnetz eeeinmalig geschenkt! Das heißt, Sie telefonieren 120 Minuten völlig kostenfrei in Ihrem Land und anschließend super günstig ab 0,98 Cent/Minute. Das ist doch prima, oder?

Ich darf Ihnen die Vorteile noch mal zusammen fassen?

Damit Sie den zweidreivier GmbH-Tarif nutzen können muss ich Sie nur noch dafür freischalten. Diese Freischaltung ist natürlich für Sie kostenfrei. Dazu muss ich noch wissen, ob Sie einen analogen oder ISDN-Anschluss haben? Sind Sie die Anschluss-Inhaberin?

Wie lautet Ihr Geburtsdatum? Frau Müller, ist Ihr Anschluss unter der folgenden Adresse gemeldet? Suuuper!

Ich aktiviere Sie jetzt gerne für den zweidrei- vierphone2000-Tarif. In den nächsten Tagen erhalten Sie noch einen Rückruf von einem unserer freundlichen zweidreivier GmbH-Mitarbeiter. Dieser wird Ihnen die Aktivierung bestätigen. Das Gespräch wird zur Qualitätskontrolle dann komplett aufgezeichnet.

Auf Wiederhören und einen angenehmen Tag".

Sagen Sie selbst, Frau Bungerfrau, macht Herr Üzel das nicht prächtig? Selbst wenn der Kunde ablehnend reagiert, ist Herr Üzel immer wortgewandt und bringt die richtigen rhetorischen Punkte aus unserem „Leitfaden zur Einwandbehandlung" an. Immerhin ist jedes Argument nur so gut, wie es vorgetragen wird.

Primär zählt doch, wie man etwas sagt, erst sekundär, was man sagt. Zum Beispiel hat Herr Üzel, als ein Kunde gleich am Anfang abblockte, perfekt gekontert: *„Schön Frau Müller, dass Sie das gleich ansprechen. Ich merke, Sie haben sich schon damit auseinander gesetzt, das finde ich super! Vorab lassen Sie uns gemeinsam Ihre Daten abgleichen, damit ich weiß, dass ich wirklich mit Frau Müller spreche".* (Herr Üzel kehrt nun zurück zum Leitfaden)

Von dieser Art „Einwandbehandlung" hat unser Leitfaden übrigens so einiges auf Lager, was ich Ihnen gerne später noch näher erläutern werde.

Aber jetzt noch zurück zu den ersten Tagen. Leicht irritiert sind wir, das sind die Mitarbeiter, die diesen Monat mit dem Arbeitsverhältnis begonnen haben, dass wir bei einer Kündigung vor Ablauf von sechs vollendeten Monaten die Ausbildungskosten von 240 € zurück erstatten müssen.

Die meisten von uns, mich eingenommen, verdienen doch nur 400 € im Monat. Aber ungeachtet dessen freue ich mich auf den morgigen Tag.

Eine Bitte habe ich an Sie, geehrte Frau Bungerfrau. Die Verkehrsverbindungen von meinem fünfzig Kilometer entfernten Heimatort zur Arbeitsstelle sind wirklich sehr langsam, so dass ich eine Frühschicht um sieben Uhr nur schwer erreichen kann.

Die vergangenen zwei Tage Frühschicht habe ich bei einer befreundeten Familie in Berlin-Mitte übernachtet, was aber auch nicht für eine dauerhafte Lösung geeignet ist. Könnten Sie sich eventuell dafür einsetzen, einen anderen Schichtplan für mich auszuhandeln?

Herrn Üzel habe ich hierzu bereits höflich angesprochen, ich konnte seinem nachvollziehbaren Argument, das sei zumutbar, allerdings nichts entgegen halten.
Vielleicht haben Sie ja als Vermittlerin vieler Mitarbeiter an die D.P.V. Ltd. etwas Einfluss, den Sie geltend machen können.

Mit den besten Grüßen, Ihr

Dr. Ing. K-H. Döngermann,
Bau-Ökonom und Volkswirt VWA.

K.-H. Döngermann
Schießmichtot-Straße 61
Irgendwo 50 km von Berlin entfernt

An die
Personaldienstleistung „werd´ endlich was"
z.H. Frau Sonja Bungerfrau
Charlottenstraße 87-90
10969 Berlin   19. Mai 2012

Dritte Berichterstattung

Sehr geehrte Frau Bungerfrau,

meine ersten beiden Wochen in meiner neuen Arbeitswelt waren ein erhebendes Erlebnis. Nach den vielen Jahren der Unsicherheit sehe ich jetzt nach dem
„Bergfest" der ersten verdienten „Lohntüte" entgegen.

Natürlich wird es nicht vergleichbar sein mit den Einnahmen in früheren Zeiten, als Hoch- und Tiefbau
noch mit Aufträgen aufwarteten. Aber ich bin, nicht
zuletzt auch dank Ihrer eindringlichen Worte, mit dem
gegangenen Weg glücklich.

In die internen Abläufe (ich habe Ihnen in der Anlage
die Unternehmensleitsätze und noch einige andere Un-

terlagen beigefügt – ich bin so bewegt über diese tolle Führung!) habe ich mich mittlerweile gut eingefunden, es gab ein wenig Verstimmung ob der Unterschrift zum Arbeitsvertrag.

Leider konnten Sie mir noch nicht auf meine Frage zur Kostenübernahme für die sechstägige Ausbildung antworten. In Unsicherheit, etwas Falsches zu unterzeichnen, hatte ich den Arbeitsvertrag abgelehnt bzw. auf Streichung der entsprechenden Passage beharrt. Nach mehreren Gesprächen mit der zuständigen Mitarbeiterin aus der Personalabteilung, Frau Masara, konnte dann doch zur beiderseitigen Zufriedenheit Einigung erzielt werden. Der Passus, den Betrag bei vorzeitiger Beendigung zurück zu zahlen, wurde gestrichen. Ich wurde allerdings durch Unterschrift zur Verschwiegenheit verpflichtet, was ich auch als selbstverständlich betrachte.

Schließlich lässt sich ein namhaftes Unternehmen wie die D.P.V. Ltd. die Gestaltung der rechtsverbindlichen Verträge einiges kosten. Ich betrachte daher das Entgegenkommen als eine große Gunst und hoffe, das Unternehmen künftig nicht zu enttäuschen. Fast hatte ich das Gefühl, Sie hätten sich hier für mich positiv eingebracht, zumal ich von Herrn Üzel die gute Kunde erhielt, er würde mich nur noch eine von vier Wochen im Monat für den Frühdienst einteilen.

Mit unseren Freunden in Berlin habe ich schon gesprochen, sie gewähren mir gerne Unterkunft, allerdings haben sie im Winter in diesem Zimmer keine Heizung.

Meine Frau war schon immer mit einem guten Humor ausgestattet und vermerkte, dass mit meiner Abwesenheit mehr Zeit für ihren Hausfreund bleiben würde. Ich bin so froh, auf ein so gutes Privatleben zurück greifen zu können. Meine Kinder sind mittlerweile größtenteils fast erwachsen, mein ältester Sohn beabsichtigt jetzt ebenfalls die Aufnahme einer Tätigkeit bei D.P.V. Ltd., nachdem seine Ausbildung bei der Bäckerei Motzki nach Insolvenz in Ermangelung einer Ersatz-Anstellung vorzeitig beendet wurde.

Die Alternative, in einer der modernen Aufback-Stationen, zum Beispiel einer Tankstelle, zu arbeiten, hatte er trotz vieler beratender Gespräche mit mir abgelehnt. Er behauptet, dass die hier verarbeiteten Teiglinge nach wochenlanger Schifffahrt aus Fernost kämen und qualitativ nicht seinen Anspruch an Lebensmittel erfüllen – ja, ja, die Jugend, sie hat das Recht zur Revolution! Es ist nicht leicht, Kinder ins Berufsleben zu begleiten. Aber das wissen Sie ja, liebe Frau Bungerfrau.

Meine Frau hat ebenfalls bereits Interesse an einer Mitarbeit bekundet, sie muss aber erst die Betreuungs-Möglichkeiten für ihre Mutter klären.

Bei den bisherigen Einnahmen ist an ein Seniorenheim nicht zu denken, und seit der Zwangsvollstreckung des Hauses vor drei Jahren wohnt die alte Dame bei uns in einem der Zimmer. Auch dort zeigte sich unser ausgeprägter Familiensinn – welches Mädchen und welcher

Junge im pubertierenden Alter ist begeistert davon, das Zimmer mit der Oma teilen zu müssen? Ohne Murren haben sie sich der Veränderung hin gegeben!

Ich sagte ja bereits zu einem früheren Zeitpunkt, es wird viel zu viel über die Jugend geschimpft.

Liebe Frau Bungerfrau, ich darf Sie doch so ansprechen, wo Sie so viel Gutes für uns getan haben und eine Perspektive für unsere Familie entstanden ist.

Ich freue mich auf eine Antwort von Ihnen, respektiere aber selbstverständlich Ihren vollen Terminkalender und die fehlende Zeit, sich allen Ihren Kunden widmen zu können.

Hochachtungsvoll, Ihr

Dr. Ing. K-H. Döngermann,
Bau-Ökonom und Volkswirt VWA.

Hier habe ich für Sie, liebe Frau Bungerfrau, die *Unternehmensleitsätze* und einige Leitfäden der D.P.V. Ltd. in Auszügen notiert – bitte denken Sie daran, dass dies streng vertraulich ist!

Unsere Vision

Nachhaltiges Wachstum, wirtschaftlicher Gewinn und Zielorientierung in unseren Handlungen sind unser Ziel und Anspruch

Unsere Mission

Wir verbinden Marktpartner und bieten unseren Kunden exzellenten Customer Care Service.

Mitarbeiterleitsätze

Wir sind engagiert und übernehmen gern Verantwortung
Der Kunde steht im Zentrum unseres Handelns
Nur wer aktiv ist, kann etwas bewegen
Wir kommunizieren ehrlich und direkt
Wir sind Spezialisten und Teamplayer
Wir entwickeln unser Unternehmen gemeinsam
Wir stehen hinter unseren Entscheidungen

Kundenleitsätze

Unsere Kunden begeistern wir durch Leidenschaft und Energie in der Umsetzung ihrer Wünsche.

Flexibilität – allen Gegebenheiten passen wir uns auch unter komplexen Umständen an. Widrigkeiten trainieren nur weiter unsere Beweglichkeit.

Zielstrebigkeit – wir wissen, was wir wollen und wie wir es umsetzen, denn mit weniger als 100% geben wir uns nicht zufrieden.

Erfolg durch Mitarbeiter

Unsere qualifizierten, motivierten Mitarbeiter sind den Zielen unserer Auftraggeber verpflichtet, sie verantworten unsere Qualitätsmaßstäbe persönlich gegenüber jedem Kunden. Unternehmerisches Denken befähigt unsere Mitarbeiter in allen Bereichen zu Effizienzsteigerungen und lösungsorientiertem Vorgehen. Diese Leistung unterstützen wir durch transparente Abläufe, hochwertige Schulungen und regelmäßige Feedbackprozesse im Unternehmen. Wir setzen auf langfristige Personalplanung.

Transparenz durch Information

Die Qualität unseres Dienstleistungsangebotes ist jederzeit nachprüfbar. Diese Transparenz schafft Sicherheit und Vertrauen – bei unseren Auftraggebern, unseren Mitarbeitern und den Kunden.

Leitfaden Telefonverkauf

Der menschliche Ansprechpartner bleibt wichtig: Zeit ist Geld! Immer mehr Menschen nutzen deshalb das Internet. Für Detailentscheidungen und Spezialinformationen, sowie Bedürfnisse und Wünsche des Kunden nutzt der Mensch das Telefon! Die Beziehung während der Kommunikation mit dem Gesprächspartner durch ein freundliches Lächeln oder Lachen zu verstärken, gelingt nur beim gesprochenen Wort.

Kaufentscheidungen sind rationalisierte Bauchentscheidungen! Hier spielt die Beziehungsebene beim Kontakt eine absolut dominante Rolle! Stimme, Tonfall, Freundlichkeit und Wortwahl entscheiden zu 87% über den Eindruck, den Sie mit ihrem Anruf bei Ihrem Gesprächspartner hinterlassen.

Menschen machen Geschäfte mit Menschen! Wirklich erfolgreiche Telefonverkäufer zeichnet nicht nur aus, dass sie ihre Kunden gut, kompetent und schnell beraten, sondern ihre Kunden fühlen sich vom Verkäufer vor allem gut verstanden! Im Idealfall ebenso gut, als ob der Verkäufer dem Kunden persönlich gegenüber sitzen würde!

Chancen nutzen: Agieren statt reagieren! Ihr Erfolg beim Telefonverkauf basiert auf dem Management-Prinzip des „Handelns – sich nicht behandeln lassen". Nur wenn Sie selbst die Initiative ergreifen, haben Sie die Möglichkeit, das Gespräch zielorientiert zu steuern. Das Telefon ermöglicht es Ihnen, jederzeit am Kunden „dran" zu bleiben – unverzüglich ansprechbar und erreichbar zu sein. So schaffen Sie die Basis für eine partnerschaftliche Geschäftsbeziehung mit Zukunft!

Die positive Grundeinstellung ist entscheidend! Bestimmte Menschen sehen in bestimmten Situationen ein Glas als „halb-voll", andere das selbe Glas als „halb-leer" an. Es ist auch eine Frage der Grundeinstellung. Dies hat auch beim Telefonverkauf direkte Auswirkungen auf den Erfolg oder Nichterfolg des Verkäufers.

Negative Einstellung sucht nach Entschuldigungen! Haben sie sich auch schon einmal dabei ertappt, geradezu erleichtert gewesen zu sein, als ein potenzieller Gesprächspartner nicht abgenommen hat? Sie müssen noch nicht mal ein schlechtes Gewissen haben? Berechtigter Gedanke? Vielleicht. Aber wohl vor allem ein Zeichen für Ihre Einstellung, die sich mit Sicherheit eher negativ auf künftige Anrufe auswirken wird!

Wagen Sie das Schwimmen gegen den Strom! Durch Ihr eigenes Verhalten entscheiden Sie, ob Sie erfolgreich sind oder nicht!

So telefonieren Sie sich erfolgreich: Zu Ihrem Beruf haben Sie ein positives Verhältnis entwickelt! Sie freuen sich auf jedes Kundengespräch am Telefon! Sie nehmen die Herausforderung der telefonischen Akquisition begeistert an! Sie wissen, der Kunde profitiert von Ihrem Anruf – Sie machen ihn schlau! Geistig und körperlich halten Sie sich fit, denn aufmerksame und aktive Verkäufer wirken überzeugender. Sie verschaffen sich jeden Morgen einen guten, motivierenden Start in den Tag! Sie tragen Kleidung, mit der Sie sich sicher, professionell und gut angezogen fühlen!

Ein aufgeräumter Schreibtisch sorgt für gute Laune!

Stimme spiegelt Stimmung: Klang und Lautstärke Ihrer Stimme, sowie Sprechgeschwindigkeit spiegeln auch eine positive Grundeinstellung zum Leben und zur beruflichen Aufgabe wieder.

Der Kunde hört Ihr Lächeln – und Ihr Stirnrunzeln: negative Grundstimmung überträgt sich auf Ihre Stimme und ihre Sprechweise und kann alle positiven inhaltlichen Ansätze des Gesprächs völlig überdecken!

Tipps für den „richtigen" Ton: Setzen Sie sich bequem, so dass Sie sich wohl fühlen. Achten Sie auf freie und ungezwungene Atmung! Vielleicht hilft Stehen?

Gestik und Mimik ist erwünscht! Engagierte Körpersprache „hört" der Gesprächspartner!

Lächeln Sie! Sie wirken positiver und freundlicher! Ihr Gegenüber hört aufmerksamer zu. Sie fühlen sich sicherer und optimistischer!

Richtiges Sprechtempo, Stimmvolumen und Klang beachten!

Hier habe ich Ihnen, Frau Bungerfrau, noch den Leitfaden zur „Einwandbehandlung" zusammengefasst:

Jedes Argument ist nur so gut, wie es vorgetragen wird. Primär zählt, WIE Sie es sagen, erst sekundär, WAS Sie sagen. Ihre Art & Weise ist der Schlüssel zum Erfolg durch Selbstverständlichkeit, Verständnis, Fachkompetenz und Charme.

Generelle Vorgehensweise bei Einwänden: den Kunden loben! Den Einwand dann behandeln und entkräften, zum Beispiel persönlichen Bezug nehmen, ein bildliches Beispiel, Vorteil-Nutzen – Argumentation. Dann zum Leitfaden zurück kehren!

Beispiele:

Kunde blockt gleich am Anfang: Schön Frau / Herr …, dass Sie
das gleich ansprechen! Ich merke, Sie haben sich damit schon
auseinandergesetzt, das finde ich super! Vorab lassen Sie uns
gemeinsam Ihre Daten abgleichen … (zurück zum Leitfaden)

„Sind Sie nicht von der Telekom?": super, dass sie das ansprechen!
Frau / Herr …, ich rufe von der D.P.V.Ltd. an, einer eigenstän-
digen Telekommunikationsgesellschaft. Damit Sie unseren tollen
Tarif nutzen und künftig kräftig sparen können … (zum Leitfaden)

„Ich habe kein Interesse": schön, dass Sie so direkt sind, Frau /
Herr …, dann lassen Sie mich gleich auf den Punkt kommen.
Mit unserem Tarif können Sie bares Geld sparen und nutzen
unseren super Service! (zurück zum Leitfaden)

„Ich telefoniere gar nicht so viel! Das lohnt sich für mich nicht":
Frau / Herr …, ich finde es gut, dass Sie das direkt ansprechen.
In letzter Zeit sprechen uns viele Kunden an, die vor 5-6 Wochen
genau das Gleiche gesagt haben. Und wissen Sie was, Frau / Herr
…?! Genau diese Kunden rufen uns heute an, bedanken sich und
sagen „Sie hatten Recht, ich telefoniere mehr und wirklich günstig! (zurück zum Leitfaden)

„Ich schließe nichts am Telefon ab!": danke, Frau / Herr …, dass
Sie so ehrlich sind. Als Telekommunikationsunternehmen liegt es
für uns natürlich nahe, unsere Kunden auch über das Telefon zu
beraten. Persönlicher Service wird bei uns groß geschrieben – wir
möchten Ihnen Qualität bieten! So können Sie bei mir nachfra-
gen, ich berate Sie gerne! Bei meinem heutigen Anruf geht es also
um …(zurück zum Leitfaden)

„Ich mache nichts ohne meinen Partner“: schön, dass Sie das ansprechen, Frau / Herr ..., mit unserem Spartarif können Sie gemeinsam mit Ihrem Partner sparen und profitieren von einer Ersparnis ja schließlich beide – Frau / Herr ..., ich kann mir nicht vorstellen, dass Ihre Frau / Ihr Mann etwas gegen Sparen hat – überraschen sie Ihre Frau / Ihren Mann, von dem gesparten Geld können Sie dann mal schön gemeinsam Essen gehen ... (zurück zum Leitfaden)

„Ich will das vorher alles schriftlich haben / schicken Sie mir das erst mal zu“: schön, dass Sie das ansprechen, Frau / Herr ... holen Sie sich mal einen Stift und einen Zettel, damit Sie sich meinen Namen und die Eckdaten jetzt schon mal aufschreiben können. (kurz und knapp diktieren, zurück zum Leitfaden)

Helfen Sie dem Kunden anhand von bildlichen Beispielen!
Zum Beispiel, den Nutzen einer Flatrate besser zu verstehen. Je individueller Sie hierbei reagieren, desto größer wird Ihr Erfolg und die Freude des Kunden mit seinem neuen Produkt. Schmücken Sie die Beispiele aus und gestalten Sie sie lebhaft!

Zum Beispiel bei Flatrate:
„Sie kennen doch auch diese tollen All-Inclusive-Urlaube? Einfach herrlich, für eine Pauschale den ganzen Urlaub lang entspannen zu können! Nur noch auf die Figur muss man achten, weil das Buffet mal wieder zu gut gedeckt ist“

Und hier noch ein paar <u>Verhaltensrichtlinien</u>
(der D.P.V.Ltd.-Knigge)

*Wo so viele Menschen gemeinsam im Team arbeiten,
macht es Sinn, sich an einige Regeln zu halten. Diese sind
für jeden Einzelnen nur ein kleiner Handgriff, aber die
allgemeinen Abläufe werden so erheblich erleichert:*

*Halten Sie bitte Ihre Arbeitsplätze sauber und gehen Sie
sorgsam mit den Arbeitsmaterialien um*

Essen bitte nur in der Lounge

Im Haus sind alle Getränke verschlossen zu halten

*Räumen Sie Ihren Arbeitsplatz nach Schichtende auf (z.B.
die Headsets über den Monitor hängen, Papier weg werfen)*

Seien Sie pünktlich, da sich sonst alle Abläufe verzögern

K.-H. Döngermann
Schießmichtot-Straße 61
Irgendwo 50 km von Berlin entfernt

An die
Personaldienstleistung „werd´ endlich was"
z.H. Frau Sonja Bungerfrau
Charlottenstraße 87-90
10969 Berlin   1. Juni 2012

Vierte Berichterstattung

Liebe Frau Bungerfrau,

gestern ging die zweite Dekade des Monats im neuen Arbeitsleben zu Ende. Herr Üzel und ich haben mittlerweile ein intensives, fast kameradschaftliches Verhältnis aufgebaut. Vorgestern zum Beispiel hatte ich aufgrund des schwül-warmen Wetters Kopfschmerzen und muss wohl etwas mürrisch gewirkt haben.

Herr Üzel, ich beschrieb es Ihnen bereits, verfügt über eine hohe Motivationsfähigkeit und zudem, wie ich vorgestern erfreut feststellen durfte, über einen ungeahnt guten Humor. Nachdem er mich eine gute Weile beobachtet hatte und durch ein Augenzwinkern meine Laune erhellen wollte, wurde ihm wohl bewusst, dass dies nicht so einfach möglich war.

Also stellte Herr Üzel sich vor meinem kleinen Schreibtisch auf der anderen Seite mir gegenüber hin und spielte das alte Kinderspiel „wer zuerst lacht, hat verloren". Unglaublich, wie grimmig Herr Üzel schauen kann!

Während ich einen Kunden von dem beworbenen Produkt erfolgreich überzeugte (ich war so stolz!), konnte ich mir das Lachen kaum noch verkneifen. Es war so unglaublich befreiend, nach dem Telefonat herzhaft und laut los zu lachen. Selbst meine Kollegen ließen sich anstecken und lachten laut mit. Kurt Freudenfels, der nur einen Meter von mir entfernt an seinem Pult arbeitet, kommentierte später, es wäre bei der Geräuschkulisse sowieso nicht möglich gewesen, noch einen klaren Ton zu verstehen.

Herr Üzel hat später mit Frau Masara, unserer Personalreferentin, ein Gespräch gehabt, ich denke, sie hat ihn für seine besondere Befähigung gelobt.

Für heute, liebe Frau Bungerfrau, muss dieser Brief reichen. In wenigen Minuten fährt mein ausnahmsweise genommener Zug nach Hause und ich muss meinen Freunden ihren Computer wieder zurück geben.

Mit humorvollen Grüßen, Ihr

Dr. Ing. K-H. Döngermann,
Bau-Ökonom und Volkswirt VWA.

𝕌rkunde

Hiermit wird offiziell bestätigt, dass

Herr Üzel

aufgrund seiner hervorragenden
Leistungen und Kenntnisse in der
Manipulation von Menschen und dem
Führen von Mitarbeitern durch
Zuckerbrot und Peitsche zum
Mitarbeiter des Monats gewählt wurde

Berlin, den 15. Mai 2012

D.p.V. Ltd.

D.P.V. Ltd.

K.-H. Döngermann
Schießmichtot-Straße 61
Irgendwo 50 km von Berlin entfernt

An die
Personaldienstleistung „werd´ endlich was"
z.H. Frau Sonja Bungerfrau
Charlottenstraße 87-90
10969 Berlin   9. Juni 2012

Fünfte Berichterstattung

Liebe Frau Bungerfrau,

seit unserer letzten Korrespondenz sind wieder einige
Tage vergangen. Sehr gefreut hat mich das Schreiben
Ihres Hauses, womit Sie emotionalen Anteil an der Situation mit der Frühschicht und dem Arbeitsweg doku-
mentierten. Natürlich habe ich und auch die betroffenen Kollegen Verständnis dafür, dass laut Arbeitsgericht
diese Uhrzeiten und Arbeitswege als zumutbar gelten
und somit keine Ausnahme möglich ist. Zu meinen
besseren Zeiten, als ich noch als Bau-Ökonom und
Volkswirt tätig war, habe ich meinen Mitarbeitern auch
das eine oder andere Mal eine schlechte Botschaft über-
bringen müssen. Seien Sie also unbesorgt, mein Nacht-
gebet umschließt weiterhin auch Ihr Wohlbefinden.

Sie müssen über ein unglaublich großes Aufgabengebiet verfügen, schließe ich aus der Unterschrift eines Ihrer Kollegen. Sonst hätten Sie den Brief bestimmt selbst unterzeichnet.

Sicherlich wird Sie die Geschichte unserer Kaffee-Frau interessieren. Vielleicht erinnern Sie sich, ich berichtete Ihnen bereits darüber. Frau Kowalski, die Meisterin der Kaffeemaschine? Sie spendierte mir so viele Latte Macchiato, ich glaube, im Leben davor habe ich zusammen nicht so viel Kaffee getrunken wie in den ersten Tagen bei D.P.V. Ltd.

Frau Kowalski ist nicht mehr bei uns tätig. Was ich nicht wusste, war, dass die Getränke überhaupt nicht kostenlos sind. Der Gedanke hätte mir aber auch selber kommen können, schließlich ist es ein marktwirtschaftlich geführter Betrieb und keine Wohlfahrts-Organisation. Jeder Mitarbeiter hat eine sogenannte Stempel-Karte. Wenn Frau Kowalski ein Getränk ausreicht, wird ein Stempel auf die Karte gemacht und am Monatsende mit dem Gehalt verrechnet. Vor ein paar Tagen fragte mich Frau Kowalski, wann ich denn nun endlich meine Stempelkarte bekomme, immerhin arbeite ich seit über fünf Wochen hier.

Nach der kurzen Phase des Schocks über meinen kapitalen Fehler bin ich sofort zu Frau Masara und habe eine Stempelkarte bestellt. Mit dieser Karte ging ich dann zu Frau Kowalski und sie wollte mir pauschal, schließlich soll aus einer Mücke ja kein Elefant gemacht werden, pro Arbeitstag einige Latte Macchiato stempeln. Herr Podmanski aus der Buchhaltung hatte dies beobachtet und war hiermit nicht einverstanden. Frau Kowalski musste sodann zu Frau Masara in ein Einzelgespräch und durfte nicht mal mehr an ihren Arbeitsplatz zurück kehren, sondern verließ das Haus unter Beobachtung! Ihre persönlichen Gegenstände wurden von Herrn Podmanski und Frau Masara zusammen gepackt und sollen in den nächsten Tagen zugestellt werden.

Ich bin sehr verunsichert, wie ich mit dieser Situation umgehen soll. Frau Kowalski war immer hilfsbereit und sehr beliebt. Andererseits ist es absolut unumgänglich, Diebstahl und Unterschlagung in einem gut geführten Unternehmen erbarmungslos zu ahnden. In einer Zeit, in der Supermarkt-Mitarbeiter wegen Diebstahl von Pfand-Marken entlassen werden, können solche Manöver nicht geduldet werden, das leuchtet mir ein. Frau Bungerfrau, Sie haben doch sicher Erfahrung mit solchen Themen? Wird es Frau Kowalski helfen, wenn wir Kollegen ihr eine tröstende Abschiedskarte schicken?
Meine Kollegen und ich sind dankbar für eine baldige Hilfestellung von Ihnen und entbieten gemeinsam einen freundlichen Gruß.

Salute, Ihr

Dr. Ing. K-H. Döngermann,
Bau-Ökonom und Volkswirt VWA.

Email	von:	Felicitas Burgfräulein
	An:	Karl-Heinz Döngermann
	Datum:	10.06.2012

Lieber Karl-Heinz!

Mein Mann hat mir erzählt, dass Du jetzt in Berlin in einem Call-Center arbeitest – ich freu mich so für Euch, dass Du Arbeit gefunden hast. Wirst Du denn ordentlich bezahlt? Du weißt, da gibt es eine Menge schwarzer Schafe in der Branche! Ich selbst habe den Absprung bis jetzt immer noch nicht geschafft, obwohl ich jetzt schon seit fünf Jahren im Call-Center arbeite, bekomme ich nur 8 € brutto die Stunde. Und das mit fünfzig Telefonkräften in einem Großraumbüro. Die Arbeit ist sehr anstrengend, Du wirst permanent beschallt, denn Du musst den Kopfhörer sehr laut einstellen, damit Du die Kunden überhaupt verstehst. Erst merkst Du es nicht, aber langsam gehen die Ohren kaputt, dazu kommt noch die schlechte Hygiene: an den Kopfhörern hängt der Ohrenschmalz der Kollegen, die Tastaturen sind verdreckt, die Raumluft extrem trocken. Die Folge ist, dass Du Dir ständig neue Krankheiten einfängst.

Lieber Karl-Heinz, ich möchte Dir keine Angst machen mit meiner Nachricht – aber pass bitte auf! Wenn Du solche Zustände bemerkst, nix wie weg dort, sonst geht's Dir so wie mir – in zwei Jahren kommt der Ruhestand, hoffentlich erlebe ich den noch.

Liebe Grüße, Deine Feli

Personaldienstleistung „werd´ endlich was"
Charlottenstraße 87-90
10969 Berlin

Herrn Dr. Ing. K-H. Döngermann,
Bau-Ökonom und Volkswirt VWA.
Schießmichtot-Straße 61
Irgendwo 50 km von Berlin entfernt

17. Juni 2012, AZ: 08/15,
SB: Sonja Bungerfrau, Ihr Schreiben vom 09.06.12

Sehr geehrter Herr Dr. Ing. K-H. Döngermann,

in vorgenanntem Schreiben nehmen Sie Bezug auf die
gerechtfertigte Entlassung der einer Unterschlagung
bezichtigten Mitarbeiterin in Ihrem Arbeitsumfeld.

Bitte haben Sie Verständnis, dass wir Ihnen aus daten-
schutzrechtlichen Gründen hierzu keine Antwort ertei-
len können. Für Ihren beruflichen Werdegang wünschen wir Ihnen weiterhin viel Erfolg und Freude.

Mit freundlichen Grüßen

gez. Sonja Bungermann

(dieser Brief wurde maschinell erstellt und ist ohne Unterschrift gültig)

Email von: Felicitas Burgfräulein
       An: Karl-Heinz Döngermann
       Datum: 17.06.2012

Lieber Karl-Heinz!

Danke für Deine Antwort gestern – ich finde es unglaublich toll, dass Du so an Deine neue Arbeit glaubst und diese ganzen Hürden nimmst. Dazu noch Deine geistige Flexibilität – ich weiß noch, wie schwer mir es gefallen ist, mit Mitte fünfzig nach vielen Jahren im Kombinat diese neue Arbeit aufzunehmen, dazu noch mit diesen teuflisch modernen Computern. Das war ein Greuel, zum Glück konnte mir mein Sohn zu Hause viel erklären in den ersten Tagen.

Du hast meine Arbeit hinterfragt – ich hoffe doch, dass es stimmt, wenn Du sagst, bei Euch ist das nicht so! Dann hast Du wirklich tolles Glück! Ich freu mich so für Dich!

Bei uns ist es nicht so toll – wir machen sogenannte Kalt-Akquise für bekannte Unternehmen. Das bedeutet: wir rufen Menschen an, deren Telefonnummern unser Arbeitgeber irgendwo gekauft hat, und versuchen sie zu einem Termin mit unserem Vertreter zu überreden.

Ich habe immer ein schlechtes Bauchgefühl, weil man so oft lügen muss.

Für einen anderen Arbeitgeber habe ich übrigens früher Zeitungsabonnements verkauft, da haben wir den Leuten erzählt: „Sie haben bei einem Gewinnspiel ein Auto gewonnen!" Tatsächlich ging es aber darum, den Menschen ein Abo zu verkaufen. Letztlich ist das Betrug, da ging es mir schlecht bei. Und dazu noch der Druck – wenn Du nicht genug Abschlüsse machst, fliegst Du raus. Wenn ich eine Alternative hätte, würde ich sofort aufhören. Aber ich finde, zwei Jahre vor der Rente, die sowieso in die Altersarmut führt bei dem Grundlohn, keinen anderen Job mehr.

Ich glaube, wenn Du einmal in einem Call-Center angefangen hast, ist Dein Lebenslauf versaut. Dann kommst Du da nicht mehr raus. Das Arbeitsamt schickt Dich wieder und wieder dorthin, weil die immer Personal brauchen. Zum Glück verdient Herbert mehr als ich, sonst könnten wir uns und die drei Kinder nicht ernähren, die sind ja auch arme Schlucker, nach der Ausbildung von Praktikum zu Praktikum gehetzt (neulich sagte jemand „Generation Praktikum" zu meinem Sohn Thomas, der jetzt mit 32 Jahren wieder ein halbes Jahr Volontariat machen muss, um irgendwas zu starten).

Ich selbst bekomme übrigens 960 € netto raus aus meiner 40-Stunden-Woche, Du fragtest ja danach.

Liebe Grüße, Deine Feli

K.-H. Döngermann
Schießmichtot-Straße 61
Irgendwo 50 km von Berlin entfernt

An die
Personaldienstleistung „werd´ endlich was"
z.H. Frau Sonja Bungerfrau
Charlottenstraße 87-90
10969 Berlin   21. Juni 2012

Sechste Berichterstattung

Werte Frau Bungerfrau,

mit der deutlichen Betonung meines Verständnisses für Ihre wichtige Arbeit und meine Wertschätzung für die Achtung unserer gesetzlichen Vorschriften in unserem Land, insbesondere der von Ihnen erwähnten Datenschutz-Regelungen, möchte ich auch im Namen von Herrn Freudenfels für Ihre Botschaft herzlich danken. Sie müssen unglaublich viel zu tun haben, Frau Bungermann, dass Ihre Post jetzt bereits elektronisch verarbeitet werden muss. Bitte bleiben Sie gesund!

Die Ereignisse hier bei D.P.V. Ltd. überschlagen sich täglich. D.P.V. Ltd. hat eine Strafanzeige gegen Frau Kowalski erstattet. Zusätzlich zu den ominösen Stempel-Karten-Unterschlagungen ist nachweislich ein Karton mit 10 kg Kaffee-Pulver verschwunden. Der Vorgang wird im direkten Zusammenhang mit Frau Kowalski gesehen.

Gottlob, dass meine Kollegen und ich uns nicht emotional zu sehr aufbringen haben lassen. Für einen schmutzigen Diebstahl gibt es nur harte Bestrafung, wir sind alle hier in der Belegschaft von D.P.V. Ltd. sehr froh über die gute Beobachtungsgabe von unserem Buchhalter, Herrn Podmanski.

Heute Morgen kamen die neuen Mitarbeiter, die von Ihrer Agentur für diesen Monat vermittelt wurden. Es sind interessante Menschen, die sich hier eine neue Zukunft aufbauen werden. Die Welt ist manchmal so klein – Frau Schmirgel ist eine frühere langjährige Weggefährtin meiner Frau gewesen, bevor sie nach der Scheidung von ihrem Mann und dem Verlust des Arbeitsplatzes in einem ehemaligen Treuhandbetriebs wegen „Burnout-Syndrom" mehrere Monate behandelt werden musste.

Frau Schmirgel hatte danach den Kontakt zur gesamten Außenwelt reduziert. Heute war ein großer Glanz in ihren Augen, die Wiedersehensfreude war ehrlich. Gleich heute Abend wird meine Frau sie anrufen, allerdings muss der Anruf vor 20 Uhr erfolgen. Frau Schmirgel hat sich freiwillig für die Frühschicht gemeldet, sie hat eine Bettstatt in einer Berliner Wohngemeinschaft, die sonst vorrangig von Bauarbeitern genutzt wird. Sie sagte mir, dies sei immer noch günstiger als die tägliche Fahrt mit der Bahn.

Bei dieser seltenen Gelegenheit möchte ich anfragen, ob es hier eventuell Unterstützung durch Ihre Agentur gibt.

Auch mir, ich gebe es ungern zu, drücken die Reisekosten sehr auf den frisch erhaltenen Lohn. Derzeit behelfe ich mir bei schönem Wetter mit dem Fahrrad meines Sohnes, was meiner Kondition und Figur bislang nur gedient hat. Für die kommende Schlechtwetter-Phase ist der tägliche Weg von fast hundert Kilometern aber unerquicklich, für eine finanzielle Unterstützung hätten Sie meinen größten Dank zu erwarten.

Untergebendst, Ihr

Dr. Ing. K-H. Döngermann,
Bau-Ökonom und Volkswirt VWA.

PS: ich habe Ihnen noch eine kurze Beschreibung zu „Burnout-Syndrom" beigefügt – schlimm, was Menschen alles passieren kann! Passen Sie auf sich auf, fleißige Frau Bungerfrau!

„Ein Burnout-Syndrom (englisch (to) burn out: „ausbrennen") bzw. Ausgebranntsein ist ein Zustand ausgesprochener emotionaler Erschöpfung mit reduzierter Leistungsfähigkeit." (Quelle: Wikipedia.org Fassung vom 23.11.2011)

Personaldienstleistung „werd´endlich was"
Charlottenstraße 87-90
10969 Berlin

Herrn Dr. Ing. K-H. Döngermann,
Bau-Ökonom und Volkswirt VWA.
Schießmichtot-Straße 61
Irgendwo 50 km von Berlin entfernt

26. Juni 2012, AZ: 08/15,
SB: Sonja Bungerfrau, Ihr Schreiben vom 21.06.12

Sehr geehrter Herr Dr. Ing. K-H. Döngermann,

für Ihr vorgenanntes Schreiben danken wir Ihnen.
Es freut uns sehr zu hören, dass Sie beruflich Fuß fassen.

Hinsichtlich eventueller Arbeitserleichterungen und
Kostenübernahmen wenden Sie sich bitte an Ihren zuständigen Berater im Job-Center der Agentur für Arbeit.

Für Ihren beruflichen Werdegang wünschen wir Ihnen
weiterhin viel Erfolg und Freude.

Mit freundlichen Grüßen

gez. Sonja Bungermann
(dieser Brief wurde maschinell erstellt und ist ohne Unterschrift gültig)

K.-H. Döngermann
Schießmichtot-Straße 61
Irgendwo 50 km von Berlin entfernt

An die
Personaldienstleistung „werd´ endlich was"
z.H. Frau Sonja Bungerfrau
Charlottenstraße 87-90
10969 Berlin   30. Juni 2012

Siebente Berichterstattung

Sehr geehrte Frau Bungerfrau,

es war meinem Kollegen Herrn Freudenfels, den neuen
Mitarbeitern und mir eine sehr große Ehre, Ihre neuerli-
che Anteilnahme an unserem Berufsleben erleben zu
dürfen. Uns sage ich, da ich auch im Namen der Kollegen die Botschaften an Sie senden darf. Zum Beispiel
Frau Mausrel, die nach der schlimmen Diabetes-
Erkrankung durch Amputation Ihre Füße einbüßte und
seitdem langzeitarbeitslos war.

Hier bei D.P.V. Ltd. wurde sie dankbar aufgenommen,
verfügt sie doch über eine charmante Telefon-Stimme,
einen gepflegten Umgangston und hat damit noch einmal eine wirkliche Chance für einen Neubeginn erhalten. Und das dank Ihrer Hilfe, Frau Bungerfrau!

Meine ersten drei Monate in dem Unternehmen sind bald schon Historie, ich kann mich kaum noch an das traurige Leben ohne Arbeit erinnern, so werde ich hier eingebunden. Viele Erfolge kann ich bereits verzeichnen, etliche Kunden konnte ich gewinnen. Eine Anstellung, bei der wirklich alles möglich ist – der amerikanische Traum auch bei uns in Deutschland!

Vor mir liegt die Hoffnung, tatsächlich in wenigen Tagen den erhöhten Stundenlohn rückwirkend zu erhalten! Das ist auch insgesamt ein tolles Gefühl, Herr Üzel, unser Motivator, hat hier ein tolles Personalkonzept erarbeitet. Wenn ein Mitarbeiter drei Monate diese überdurchschnittlichen Leistungen erbracht hat, wird er gefeiert. Sein Portrait-Foto wird im Eingangsbereich am schwarzen Brett als „Mitarbeiter des Monats" angebracht. Zudem erhält er zehn Minuten Fehlzeiten-Gutschrift (!) für den nächsten Monat als Vorschuss.

Der besondere Höhepunkt der Ehrungen aber ist der Moment, wenn die Kollegen Spalier stehen und dem Mitarbeiter des Monats die „La Ola-Welle" machen dürfen. Im letzten Monat hat Frau Spaniel den Preis gewonnen. Sie verweilt derzeit in ihrem wohlverdienten Jahresurlaub, die gesamten gesetzlich gestatteten Mindest-Tage auf einmal. Als Dank für die entgegengebrachte Wertschätzung hatte Frau Spaniel uns Lieblingskollegen nach der Spätschicht noch zu einem Kalt-Getränk in eine benachbarte Lokalität eingeladen.

Es war ein herrlicher Moment, etwas überschattet nur durch den plötzlichen Gefühls-Ausbruchs meines Kollegen Kurt Freudenfels, der aufgrund des schon vor einiger Zeit berichteten Verspätungsfalles nicht Mitarbeiter des Monats geworden war.

Übrigens – hier verbirgt sich eine Tragödie!

Liebe Frau Bungerfrau, ich weiß, Sie haben sehr wenig Zeit, bitte benachrichtigen Sie mich, wenn ich Sie zu sehr einbinde. Der arme Mann, der sich vor den Zug des Kollegen Freudenfels geworfen und damit die tragische Verspätung verursacht hatte, war ein früherer Mitarbeiter von D.P.V. Ltd.! Vielleicht erinnern Sie sich? Herr Finkenbeutel aus Hoyerswerda, der mehr als drei Jahre in der Firma tätig war. Angefangen damals unter gleichen Umständen wie wir Neulinge, hatte er mehrmals den Preis als Mitarbeiter des Monats triumphal entgegen nehmen dürfen. Der Ruhm war ihm allerdings zu Kopf gestiegen, neben den auch von Frau Spaniel so erfreulich praktizierten Einladungen der Kollegen in die benachbarte Lokalität trank Herr Finkenbeutel wohl über das gesunde Maß hinaus.

Natürlich blieb das nicht ohne Folgen für sein Arbeitsverhältnis. Herr Üzel ermahnte Herrn Finkenbeutel des Öfteren um ein ordentliches Benehmen. Als er allerdings einem Kunden in einer Eskalationsphase – der Kunde wollte partout nicht das beworbene Produkt kaufen und hatte bereits mehrfach das Gespräch beendet – ein unverschämtes … nein, Frau Bungerfrau, meine gute Kinderstube verbietet mir auch nur das Zitat der

Schmähung … hinterhergerufen hatte, war die Erfolgsgeschichte Geschichte und Herr Finkenbeutel nicht mehr Angestellter der D.P.V. Ltd.

Nach der Trennung von seiner Frau und dem folgenschweren Autounfall, an dessen Ursache er unmissverständlich grob fahrlässig schuld war und die Haftpflichtversicherung eine hohe Rückforderung an ihn stellte, sah er wohl keine Lebensperspektive mehr für sich und wählte den Freitod. Wie tragisch! Und doch so typisch.

Übrigens konnte Herr Üzel eindeutig den von der Familie des Verstorbenen vorgebrachten Vorwurf entkräften, Herrn Finkenbeutel durch andauerndes Sticheln und Androhung von drakonischen Maßnahmen zu überzogenen Kundengesprächen animiert zu haben.

D.P.V. Ltd. würde niemals, da bin ich mir sicher, auch nur einen Hauch der Illegalität über die Arbeit kommen lassen. Alles, aber auch restlos alles, wird aufgezeichnet und kann zum Beweis vorgeführt werden. Selbst die Minuten, die wir auf Toilette verbringen, werden dokumentiert.

Es gibt zu diesem Zweck pro fünfzig Mitarbeiter drei Toilettenkarten. Die Ausgabe erfolgt am Pult vom Teamleiter, dort holt man sich die Karte, wenn man auf Toilette gehen möchte. Die Karte legt man vor dem Gang zur Toilette an seinen Arbeitsplatz, damit die Teamleiter wissen, wo man ist.

Eine sehr ordentliche und nachvollziehbare Struktur in einem mustergültigen Betrieb. Herr Üzel ist sich im Übrigen sicher, dass Frau Finkenbeutel ihre Rechtsklage bald fallen lassen wird. Die D.P.V. Ltd. wird durch ein namhaftes Rechtsanwaltsbüro in Berlin vertreten, es dürfte ein Leichtes sein, solche Schmutzattacken abzuwehren. Es gibt Menschen ohne Moral, die ihre Sorgen zu den Problemen anderer machen und noch Geld daraus schlagen wollen. Einfach unsittlich.

Für heute muss ich schließen, es wird bald dunkel und mein weiter Weg auf dem Fahrrad muss beginnen.

Herzlichst, Ihr

Dr. Ing. K-H. Döngermann,
Bau-Ökonom und Volkswirt VWA.

PS: ich habe zu Hause noch die Zeitungsnachricht gefunden und für Sie beigefügt.

Email von: Erna Grünbaum
       An: Karl-Heinz Döngermann
       Datum: 08.07.2012

Grüss´ Dich, lieber Karl-Heinz!

danke für Deine liebe Postkarte zu meinem Geburtstag, das war einer der mittlerweile selten gewordenen, schönen Momente in meinem Leben.

Du fragtest, wie es mir geht, ich möchte ehrlich sein. Seitdem Konrad tot ist und ich mit der „Witwenrente" auskommen muss, das Wort allein ist bei dem Betrag ein Witz, geht es mir wirklich schlecht. Die ganzen Jahre habe ich nie gejammert, unter Honecker und seinen Schergen war´s ja furchtbar, das wollen wir alle nicht wieder haben. Gott sei Dank, dass diese Schweinebande weg ist. Hoffentlich nimmt stattdessen nicht dieses braune Gesindel hier in unserer Gegend weiter zu, die haben schon teilweise mehr als zwanzig Prozent „Wähler"! Trottel, die kaum ihren Namen schreiben können aber Parolen plärren. Furchtbar!

Aber das wollte ich Dir eigentlich gar nicht schreiben. Nein, ich habe mit Freude gelesen, dass Du Arbeit gefunden hast, das ist wunderbar. Arbeit gibt uns Menschen einfach das Gefühl, dazu zu gehören. Wichtig zu sein, eine Wertschätzung der

50

Gesellschaft zu erfahren. Damals, als ich als Lehrerin tätig war, gehörte ich auch dazu, genauso wie Konrad als Mechaniker-Meister im VEB. Aber als Arbeitsloser – Du bist nix. Wer hat schon Zeit tagsüber, sich mit Dir in den Stadtpark zu setzen? Und im Winter macht das schon gar keinen Spaß.

Konrad hat dann schon morgens gegen elf Uhr ein erstes Gläschen „Saft des Vergessens" genommen – und abends konnte er dann gut schlafen. Mehr muss ich nicht sagen, oder? Letztlich hat er sich totgesoffen vor Frust. Ich bin ja wenigstens normal in den Vorruhestand verabschiedet worden und habe noch ab und an Lernhilfe erteilt, das war auch ganz gut für unsere Kasse. Aber jetzt will mich auch niemand mehr dafür bezahlen, ich bin einfach zu lange draußen und zu alt.

Unsere Kinder hangeln sich auch von einem „Job" – das Wort „Beruf" kommt ja von Berufung, die findet heute kaum noch einer, nur noch einen „JOB" – und versuchen trotzdem, mir ab und zu etwas zu schenken. Sie sind so lieb.

Andreas, unser Ältester, hat sich mittlerweile in den Westen aufgemacht. Ich kann's ihm nicht verdenken, er ist jetzt in Düsseldorf und sucht Arbeit. Seine Berichte sind aber auch entmutigend – ich fasse es Dir mal kurz zusammen, was er neulich geschrieben hat. In einem Aushang am Supermarkt las er, dass sie dort Leute suchten zum Regal auffüllen. Er rief an und wurde auch gleich zum Vorstellungsgespräch eingeladen. Bei dem Gespräch stellte sich dann heraus, dass er nicht direkt für den Supermarkt arbeiten sollte, sondern für eine andere Firma als Sub-Unternehmer. Am nächsten Tag hatte er einen Probe-Arbeitstag. Nach diesem Probe-Arbeitstag sollte er einen Arbeitsvertrag bekommen. Über das Gehalt wurde erst mal nicht gesprochen, der Chef meinte, darüber würden sie sich schon einig. Andreas fragte dann seine neuen Kollegen nach ihrem Lohn und bekam nur vage Auskünfte. Vom Chef erfuhr er dann schließlich, dass er nicht nach Stunden bezahlt würde, sondern nach der Anzahl der Rollwagen („Rolli"), von denen sie die Ware in die Regale packen. Die Rollis werden von Teams entladen, jeweils fünf Mitarbeiter, pro Rolli gab es 5,50 €. Für sieben Stunden harte Arbeit bedeutete das am Ende einen Lohn von 13 € pro Nase, das sind nicht mal 2 € in der Stunde!

Am nächsten Tag sollte es nur 4,20 € pro Rolli geben, da ist er nicht mehr in den Supermarkt gegangen. Er hat jetzt was anderes gefunden in einer Reinigungsfirma, das reicht zumindest für das Zimmer in der Wohngemeinschaft und einen vollen Kühlschrank. Aber ist das die goldene Gans im Westen?

Übrigens hat er später die Vorarbeiterin getroffen, sie hat ihm erzählt, dass sie im Monat 300 € verdient – in Vollzeit! Wer sich beschwert, wird sofort rausgeschmissen. Gleiches gelte für die, die nicht kommen, wenn sie an ihrem freien Tag außerplanmäßig zur Arbeit gerufen werden. Und die rufen gerne „außerplanmäßig“. Der Vorarbeiterin hatten sie übrigens gekündigt, sie hatte Probleme mit ihrem Knie.

Karl-Heinz, das ist doch Ausbeutung, oder? Er möchte so gerne arbeiten, aber doch nicht unter solchen Bedingungen. Ich hätte nicht gedacht, dass eine große, bekannte Supermarktkette in Deutschland solche Zustände dulden würde.

Lieber „Kalli“ – so hat Dich mein Konrad immer genannt, ich vermiss ihn so sehr – ich hoffe, ich hab´ Dich jetzt nicht zu sehr genervt mit meinen Schilderungen. Aber Du fragtest, wie es mir geht, und ich mag nicht um den heißen Brei rum reden.

Wenigstens unsere jüngste Tochter Claudia scheint mit ihrem „Job“ bei der Friseurkette jetzt Glück zu haben. Aber darüber schreibe ich Dir ein anderes Mal. Lass uns doch mal mit Deiner Frau zusammen einen Kaffee-Nachmittag verabreden, ich habe Euch beide schon so lange nicht mehr gesehen.

Ein Küsschen auf die Wange, Deine Erna

K.-H. Döngermann
Schießmichtot-Straße 61
Irgendwo 50 km von Berlin entfernt

An die
Personaldienstleistung „werd´ endlich was"
z.H. Frau Sonja Bungerfrau
Charlottenstraße 87-90
10969 Berlin   10. Juli 2012

Achte Berichterstattung

Verehrte Frau Bungerfrau,

in keiner, bitte in keinster Weise möchten Sie bitte die nachfolgenden Zeilen als Beschwerde empfinden. Ihre Antwort auf mein vergangenes Schreiben zum Motivationskonzept der D.P.V. Ltd. und dem tragischen Schicksal des Herrn Finkenbeutel ist einleuchtend.

Selbstverständlich können Sie als Personaldienstleistung, die regelmäßig Menschen dem Arbeitsmarkt zuführen, den Werdegang Einzelner nicht dauerhaft mit verfolgen. Umso mehr ehrt mich die Anteilnahme am Tod Herrn Finkenbeutels, zu dem Sie Ihr Beileid bekundet haben.

Dennoch, bitte verzeihen Sie, verstehe ich Ihre Zeilen nicht, in denen Sie mich bitten, Abstand von weiteren

Anschreiben an Sie bzw. die Personaldienstleistung „werd´ endlich was" zu nehmen. Sie selbst baten doch seinerzeit, in Kontakt mit Ihnen zu bleiben.

Es ist mir aber eine Pflicht, Ihrem Wunsch Gehorsam zu leisten. Daher empfehle ich mich und verbleibe mit ewigem Dank.

Ihr

Dr. Ing. K-H. Döngermann,
Bau-Ökonom und Volkswirt VWA.

PS: in meinem letzten Bericht erwähnte ich die Toilettenkarten der D.P.V.Ltd. – ich habe Ihnen eine Kopie beigefügt, sie sehen so witzig aus. Da macht selbst der Gang „zum Örtchen" Spaß, auch wenn es einen Zeitabzug vom Lohn bedeutet.

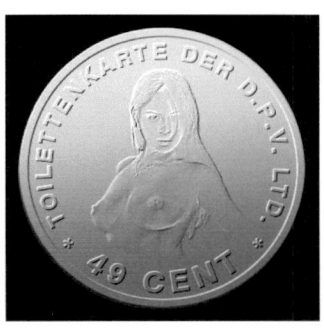

K.-H. Döngermann
Schießmichtot-Straße 61
Irgendwo 50 km von Berlin entfernt

An die
Personaldienstleistung „werd´ endlich was"
z.H. Frau Sonja Bungerfrau
Charlottenstraße 87-90
10969 Berlin   12. Juli 2012

Mitteilung über merkwürdige Vorgänge in der D.P.V. Ltd.

Sehr geehrte Frau Bungerfrau,

als ich Ihnen die Hand zum Abschied reichte, war mir
nicht bewusst, dass es zu nochmalig zu einem wichtigen
Dialog zwischen uns kommen könnte.

Bitte nehmen Sie hier zuerst meine Entschuldigung für
meine wiederholte Aufdringlichkeit zur Kenntnis!

Jedoch halte ich es für meine staatsbürgerliche Pflicht,
Ihnen einige Beobachtungen aus der jüngsten Vergangenheit im Hause D.P.V. Ltd. kund zu tun.

Bereits berichtet hatte ich Ihnen über das „Mitarbeiter-
des-Monats-Motivations-Modell" von Herrn Üzel und
dem Neid meines Kollegen Herrn Freudenfels gegenüber Frau Spaniel.

Vorgestern wurde ich, unvermeidbar bei nur sechzig Zentimeter breiten Schreibtischen „Naht auf Naht" aneinandergestellt, Zeuge eines Telefonates zwischen Herrn Freudenfels und einem „Kunden".

Herr Freudenfels versucht aktiv Freunde und Bekannte zu fingierten Verträgen zu bewegen, um sich eine erhöhte Erfolgsquote bescheinigen zu lassen!
Ich bin entsetzt und habe bereits deutlich Distanz zu Herrn Freudenfels bezogen.

Aus besagter Distanz lassen sich die Dinge insgesamt besser betrachten, dem wurde ich danach wiederholt gewahr. Mit meinem Kollegen Herrn Stöfel konnte ich während der fünfminütigen Bildschirm-Pause über die gelungene Personalpolitik der D.P.V. Ltd. plaudern. Herr Stöfel ist allerdings von der Personalführung nicht so begeistert wie ich, was ich in höchstem Maße als illoyal betrachte. Seiner Meinung nach werden monatlich neue Mitarbeiter in das Unternehmen eingeführt, nach kurzer Einarbeitungszeit und Beobachtung als „brauchbar" oder „nicht brauchbar" eingestuft und in letzterem Fall unter Einbehaltung der versprochenen Zusatzvergütung entlassen. Herr Stöfel behauptete, ihm lägen sogar Beweise über illegale Machenschaften vor, zu denen er aber derzeit nichts erzählen würde.

Meine Position gegenüber Herrn Stöfel habe ich sofort klar bezogen: D.P.V. Ltd. ist ein ehrbares Haus, und man beißt nicht in die Hand, die einen füttert. Herr

Stöfel, stellen Sie sich das vor, bezeichnete mich daraufhin als „naiv"!

Auch einem anderen Kollegen ist das illoyale Verhalten des Herrn Stöfel aufgefallen, er hat es an Herrn Üzel gemeldet, der sofort gemeinsam mit Frau Masara ein Personalgespräch mit Herrn Stöfel führte. Dieser verließ im Anschluss mit geröteten Augen das Haus und brüllte lautstark Beschimpfungen durch das Großraum-Büro, deren Inhalte neben der Geschmacklosigkeit auch gegen unsere wichtigsten Anker der Gesellschaft, dem Grundgesetz unserer Republik, und dabei insbesondere gegenüber der Würde und der Religionsfreiheit verstoßen. Allein daher vermeide ich eine Wiederholung der schrecklichen Aussprüche, die auch die gelungene Migration einiger Mitarbeiter herabwürdigte.

Herr Üzel jedenfalls war nach dem Gespräch sehr in sich gekehrt und auch nach meinem Versuch, ein umgekehrtes „wer zuerst lacht, hat verloren"-Spiel zu spielen, nicht zu guter Laune zu bekehren. Auffällig war dabei auch das Verhalten von Frau Masara, die direkt nach dem Gespräch das Haus verließ.

Geehrte Frau Bungerfrau, ich weiß, meine Worte machen in der nahtlosen Folge keinen wirklichen Sinn für Sie, aber ich fahre fort in meinem Bericht, Sie werden die Verhältnisse dann bestimmt verstehen.

Nachdem Herr Freudenfels meiner Distanzierung gewahr wurde, sprach er mich direkt darauf an. Frau Bungerfrau, ich kann einfach nicht lügen, so sagte ich Herrn Freudenfels, dass ich diese Vorgehensweise, den Arbeitgeber zu schädigen, als zutiefst abstoßend betrachte. Herr Freudenfels lachte mich aus!

Er verwies darauf, was für ein mieses, verlogenes Produkt wir da überhaupt verkaufen! Seiner Behauptung nach funktioniert das Produkt wie folgt:

Wir verkaufen den Kunden, deren Telefonnummern wir für einen „Kalt-Akquise-Anruf" vorgelegt bekommen, einen Telefon-Tarif, der sich gegenüber dem gegenwärtig genutzten deutlich zu Gunsten des Kunden auswirken könnte. Allerdings sei das Tarif-Gefüge auf den ersten Blick nur unwesentlich günstiger als der bisherige Kunden-Tarif, so dass dies allein für einen Anreiz nicht ausreicht. Um den Kunden zu verwirren und ihn von seinen vielen Vorteilen zu überzeugen, bekommt er 120 Frei-Minuten bei Abschluss des neuen Vertrages geschenkt. Herr Freudenfels beziffert den durchschnittlichen Vorteil für den Kunden bei Abschluss eines neuen Vertrages auf gerade mal zwei Euro, verteilt über die gesamte Laufzeit!

Er behauptet, die D.P.V. Ltd. ist aufgrund des „Tarif-Dschungels" ob der Provision bei Geschäftsabschluss die einzige Gewinnerin bei der Aktivität.

Ich kann es kaum fassen!

Meine Bitte, mich mit derart an den Haaren herbei gezogenen Behauptungen zu verschonen, ignorierte Herr Freudenfels und folgte mir nach der Arbeit auf dem Weg zu dem Fahrrad. Hier intrigierte er weiter. Er behauptete, Herr Stöfel habe Kenntnis von geheimen Absprachen zwischen der Personalabteilung, Herrn Üzel und einem noch nicht bekannten weiteren Unternehmen, womit die D.P.V. Ltd. sich illegal öffentliche Mittel beschaffe. Er fragte mich, ob mir noch nicht aufgefallen sei, dass vorzugsweise Langzeit-Arbeitslose, Behinderte und sozial schwach situierte Menschen eingestellt würden. Meinem Argument, dass für diese Gruppe, der ich ja als ehemals Langzeit-Arbeitsloser auch zugehörig bin, ein anderer Arbeitsmarkt anfänglich nicht zur Verfügung steht, konterte er mit dem Hinweis auf die ausbeuterischen Gehalts-Strukturen, die kaum jemals jemand erreichen kann. Trotz meinem Verdacht, dass Herr Freudenfels seinen Neid nicht unterdrücken kann und deshalb diese schrecklichen Behauptungen ausspricht, machten mich die Worte nachdenklich. Die Heimfahrt fiel mir an diesem Abend schwer.

Am folgenden Morgen berichtete mir meine Frau, wir sprechen uns leider nur noch selten, über ein merkwürdiges Gespräch mit Frau Schmirgel, die ja seit ein paar Tagen bei uns tätig ist. An ihre frühere Freundschaft anknüpfend hatten die Damen lange miteinander telefoniert. Hierbei berichtete Frau Schmirgel meiner Frau, dass Herr Üzel beim Einstellungsgespräch eine kurze Abwesenheit von Frau Masara genutzt habe, um ihr „für

Gefälligkeiten" einen höheren Stundenlohn zu gewähren. Frau Schmirgel hat dies abgelehnt und wird nun von Herrn Üzel gemieden. Ungeachtet des in unseren Zeiten gefährlichen Vorwurfs von sexueller Nötigung ist ein solches Verhalten, welches ich Herrn Üzel beim besten Willen nicht zutraue, untragbar.

Ich hoffe sehr, dass diese Behauptung eine Erfindung ist – Frau Schmirgel scheint insgesamt noch sehr angeschlagen zu sein. Herr Üzel ist im Übrigen mit der Tochter von Herrn Finkenbeutel gut befreundet, hier war zu Lebzeiten von Herrn Finkenbeutel sogar bereits von Partnerschaft die Rede. Allerdings ist die Tochter erst fünfzehn Jahre alt, das wäre für die öffentliche Wirkung Herrn Üzel´s nicht vorteilhaft, daher wird mit den Informationen hierzu zurückhaltend umgegangen.

Übrigens herrscht insgesamt ein guter Ehrenkodex bei D.P.V. Ltd. – das Unternehmen gibt klare Ansagen heraus, was erlaubt und verboten ist. Ein Zuwiderhandeln hat unweigerlich Konsequenzen.

Zwischenzeitlich habe ich Herrn Stöfel getroffen, er hat jetzt bei der D.P.V. Ltd. Hausverbot! Unsere Wege kreuzten sich vor dem Eingangsbereich der Firma, er wirkte immer noch sehr aufgebracht.

Sie werden es nicht merken, liebe Frau Bungerfrau, aber ich habe während der Erstellung dieses Briefes einen Tag Pause machen müssen.

Zurück zu Herrn Stöfel: Er ist festgenommen worden! Herr Üzel wurde beim Verlassen des Gebäudes von Herrn Stöfel angefallen und mit einem Kantholz verprügelt. Die herbei gerufene Polizei hat ihn zur Vernehmung in Gewahrsam genommen, Herr Üzel wird wohl einige Tage ausfallen. Frau Schmirgel wurde zufällig Zeugin des Vorfalls, sie hatte eine Raucher-Pause eingelegt. Bei dem Lärm im Großraum-Büro, mit den Kopfhörern und der dauernden Beschallung, hat ansonsten niemand etwas davon mit bekommen.

Sie berichtete, Herr Stöfel hätte Herrn Üzel der Vorteilnahme bezichtigt, der Verführung Minderjähriger, Ausbeutung von wirtschaftlich Abhängigen und hätte ihm mit Worten, von denen „Sklaventreiber" noch eines der harmloseren war, verprügelt. Frau Masara ist übrigens seit dem Gespräch mit Herrn Stöfel nicht mehr im Büro gewesen, sie soll Urlaub haben.

Verehrte Frau Bungerfrau, ich hielt es für eine Obliegenheit, Ihnen all dies anzuvertrauen, auch wenn Sie ansonsten um Zurückhaltung baten. Schließlich sollen Sie wissen, wer Ihre Vertragspartner sind. In der Anlage zu diesem Schreiben habe ich Ihnen eine Produktbeschreibung beigefügt, die Herrn Freudenfels Ausführungen klar entgegensteht.

Mit freundlichen Grüßen

Dr. Ing. K-H. Döngermann,
Bau-Ökonom und Volkswirt VW

Produktbeschreibung
zweidreivierphone2000-Tarif:

Minutenpreis Festnetz Ausland

Gruppe 1   incl. Mwst.
Ganztägig Festnetz   0,08 €/Min.
Belgien, Dänemark, Deutschland, Frankreich, Großbritannien, Italien, Kanada, Liechtenstein, Luxemburg, Niederlande, Schweiz, Spanien, USA

Gruppe 2   incl. Mwst.
Ganztägig Festnetz   0,19 €/Min.
Alaska, Andorra, Finnland, Gibraltar, Griechenland, Hawaii-Inseln, Irland, Malta, Monaco, Norwegen, Polen, Portugal, Schweden, Slowakische Republik, Tschechische Republik, Ungarn

Gruppe 3   incl. Mwst.
Ganztägig Festnetz   0,29 €/Min.
Alle restlichen Destinationen

Minutenpreis Inland
Einmalig 120 Freiminuten ins Festnetz
Danach
Ortsgespräche incl. Mwst.   0,0099 €/Min.
Ferngespräche incl. Mwst.   0,0099 €/Min.
Mobilfunkpreise incl. Mwst   0,1990 €/Min.

Keine monatliche Grundgebühr.

Lieber Karl-Heinz!

Es freut uns so sehr, dass Du mit Deiner Arbeit so zufrieden bist und Dich für die Zukunft rüstest! Wir hatten uns, ehrlich, schon ein wenig Sorgen gemacht, dass Du in der Firma ausgenutzt wirst.

In Deiner Nachricht erkundigtest Du Dich zu dem Praktikum von Thomas – erzähle ich Dir gerne, das ist schon wieder so eine Hammer-Geschichte aus dem Bilderbuch der Furchtbarkeiten.

Thomas hatte so wie der Andreas Grünbaum (Du kennst doch den Sohn von der Erna?) sein Glück in Nordrhein-Westfalen versucht, zwanzig Jahre nach der Mauer gibt es für uns kein „Ossi-Wessi" mehr, nur noch Arbeit oder arbeitslos.

Jedenfalls hatte er nach seinem mit Prädikat abgeschlossenen Studium „Medienwissenschaften" wieder mal eine Praktikumsstelle bei einer großen Kölner Künstleragentur bekommen. Das ist jetzt seine vierte Praktikumsstelle! Eine Freundin hatte ihm den Tipp zur Bewerbung gegeben.

Für das erste halbe Jahr gab es nur eine „Aufwands-entschädigung" von monatlich 100 €.

Aber die Festanstellung, die der Chef dem Thomas immer wieder in Aussicht stellte, war sehr verlockend. Für diese Zeit haben wir Thomas von unserem knappen Geld noch monatlich zustecken müssen, er konnte ja nicht günstig wohnen bei uns (mein Gott, hast Du das aus Spanien mit bekommen? Da wohnt mittlerweile jeder zweite jüngere Mensch bis vierzig Jahren wieder bei den Eltern, wegen der Finanzkrise! Wie schrecklich!!! Hoffentlich bleibt uns das erspart).

Bei der Agentur hatte Thomas die Aufgabe, die Booking-Abteilung aufzubauen. Er sollte Kontakte zu Veranstaltern und Medien pflegen, möglichst namhafte Künstler unter Vertrag nehmen und Tourneen organisieren. Das ist ein ganz normaler Vollzeitjob, nur dass er ihn für eine „Aufwandsentschädigung" von 100 € monatlich machte, um einen Fuß in die Tür zu bekommen.

Nach sechs Monaten bekam Thomas dann endlich den ersehnten Arbeitsvertrag, bis dahin hatte er sich schon halb tot gerackert. Das Gehalt: 1.050 € brutto im Monat. Netto sind das nicht mal 5 € in der Stunde, die vielen Überstunden nicht eingerechnet! An diesem Punkt haben wir ihm gesagt „lass es, das macht keinen Sinn", zumal wir auch weiterhin Geld dazu tun würden müssen bei der Konstellation. Du hast ja bestimmt gehört, wie es dem Andreas

Grünbaum mit seinem Reinigungsjob geht. Hockt in einem Loch von Wohngemeinschaft und weiß nicht, wie es weiter gehen soll. Thomas hat ja wenigstens das Studium. Jedenfalls hat Thomas nicht auf uns gehört, er war froh, endlich einen festen Arbeitsvertrag nach vier Praktika zu haben, auch wenn es tatsächlich immer knapp fünfzig Wochenstunden waren, nicht eingerechnet regelmäßige Pflichtbesuche von Veranstaltungen abends und am Wochenende. Und er muss telefonisch rund um die Uhr erreichbar sein. Der Chef gibt ihm immer weitere Aufgaben dazu, mit einer gehörig hohen Erfolgs-Latte. Den Druck hält der Bub bestimmt nicht lange aus, wir machen uns so Sorgen! Das Beste wäre, so fatal es klingt, er schmeißt das hin.

Nun, lieber Karl-Heinz, das zum Thema Praktikum. Ich kann es Deinen Kindern nicht empfehlen, auch wenn es von der Sache her der beste Berufseinstieg ist. Sie werden nur missbraucht – das liegt wahrscheinlich in der Natur des Menschen, andere auszubeuten. Leider.

Grüße mir bitte Deine Familie – wie geht es eigentlich der Frau Mama bei Euch zu Hause? Mit dem Platz ist es doch etwas knapp, oder?

Deine Feli

K.-H. Döngermann
Schießmichtot-Straße 61
Irgendwo 50 km von Berlin entfernt

An die
Personaldienstleistung „werd' endlich was"
z.H. Frau Sonja Bungerfrau
Charlottenstraße 87-90
10969 Berlin   20. Juli 2012

Rücksendung meiner an Sie gerichteten Korrespondenz

Sehr geehrte Frau Bungerfrau,

unerklärlicherweise wurde mir mein letzter Brief an Sie
mit dem postalischen Vermerk „nicht zustellbar" zurück
geschickt. Bitte verzeihen Sie mir daher den erneuten
Versuch. Bei dieser Gelegenheit erlaube ich mir weitere
delikate Details aus dem Arbeitsalltag bei der D.P.V.
Ltd. bekannt zu machen.

Nach dem brutalen Überfall ist Herr Üzel seit nunmehr
zehn Tagen arbeitsunfähig. Herr Stöfel wurde nach der
Vernehmung auf freien Fuß gesetzt, muss sich aber für
eine Verhandlung bereit halten. Frau Masara hat vorgestern gekündigt!

Kurt Freudenfels bat mich gestern um ein Gespräch
nach Arbeitsende. Wir haben uns in meinem Heimatort

in einem Lokal getroffen, damit ich nicht so spät abends noch mit dem Rad fahren muss.

Bei dieser Gelegenheit möchte ich anmerken, dass trotz mehrmaliger Anfrage auch von anderen Fürsprechern noch keine Hilfe für mich hinsichtlich finanzieller Unterstützung zu den Fahrtkosten kam.

Während des Gespräches fragte mich Herr Freudenfels, ob ich immer noch der Meinung sei, es handele sich um ein seriöses Unternehmen. Auch wenn ich dies ihm gegenüber bejahte, muss ich gestehen, dass auch bei mir langsam Zweifel aufgekommen sind. Zum Beispiel ist der Stellvertreter von Herrn Üzel, ein aus meiner Sicht für diese Aufgabe eher als zweite Wahl zu bezeichnender junger Mann namens Bengel, in seiner Wortwahl gegenüber den Angestellten eher roh und grobschlächtig.

Herr Bengel hat sich in kurzer Zeit nach seiner Einstellung vor zwei Jahren hoch gearbeitet, vorher war er nach abgebrochener Schulausbildung arbeitslos. Ihm fehlt jedes Verständnis für die Sorgen und Nöte von Mitarbeitern, was nicht allein mit seinem Alter entschuldbar ist. So zum Beispiel hat er gestern Frau Mausrel, die aufgrund der bekannten Behinderung nur mit eingeschränktem Tempo die internen Wege zurück legen kann, als „lahme Tucke" bezeichnet.

Frau Mausrel brach darauf in Tränen aus, was Herr Bengel mit einer flugs aus der Tasche gezogenen Stoppuhr auf Zeit kontrollierte und sie wissen ließ, dass dieser

Arbeitsausfall von ihrem Lohn einbehalten wird. Sicher, Frau Mausrel gehört nicht zu den Gewinnern unserer Gesellschaft und wird wohl auch kaum den Preis „Mitarbeiterin des Monats" für sich verbuchen können. Aber geht man so mit Menschen um? Wer befördert Leute mit so niedriger sozialer Kompetenz in solche Positionen? Hoffentlich kommt Herr Üzel bald wieder und sorgt für Ordnung. Auch die Abwesenheit von Frau Masara kommt ungelegen. Einige Mitarbeiter warten jetzt schon seit Tagen auf ihren Lohn. An den Schrank mit den Verträgen ist auch nicht heran zu kommen, der Schlüssel ist nicht auffindbar.

Herr Podmanski ist ebenfalls sehr entrüstet, da ihm aufgrund der aktuellen Vorfälle seine Abrechnungen für diesen Monat durcheinander gekommen sind.

Zu Hause versuche ich mir von den Stimmungsschwankungen nichts anmerken zu lassen, schließlich versuche ich meiner Familie ein positives Bild von der Berufswelt zu vermitteln. Meine Frau wirkt allerdings in letzter Zeit etwas abwesend, wenn ich abends spät heim komme. Darum werde ich mich vermehrt kümmern müssen, das Berufsleben darf das Privatleben nicht zu sehr dominieren.

Mit freundlichen Grüßen

Dr. Ing. K-H. Döngermann,
Bau-Ökonom und Volkswirt VWA

K.-H. Döngermann
Schießmichtot-Straße 61
Irgendwo 50 km von Berlin entfernt

An die
Agentur für Arbeit
Charlottchenstraße 1-100
10969 Berlin   26. Juli 2012

Rückfrage zu Personaldienstleistung „werd´ endlich was"

Sehr geehrte Damen und Herren,

beigefügte Schreiben vom 12.07.2012 und 20.07.2012 erhielt ich gestern mit dem Vermerk „nicht zustellbar" zurück. Mit der Personaldienstleistung „werd´ endlich was" stehe ich seit einigen Monaten in sehr gutem Kontakt. Ein Besuch vor Ort ist mir aufgrund der Entfernung leider nicht möglich, telefonisch ist niemand erreichbar. Können Sie als Auftraggeber für die Personaldienstleistung „werd´ endlich was" etwas über den Sachstand mitteilen?

Mit besten Grüßen und dem großen Dank für den damaligen Vermittlungs-Gutschein an die Personaldienstleistung, Ihr

Dr. Ing. K-H. Döngermann,
Bau-Ökonom und Volkswirt VWA

Agentur für Arbeit
Charlottchenstraße 1 - 100
10969 Berlin

Herrn Dr. Ing. K-H. Döngermann,
Bau-Ökonom und Volkswirt VWA.
Schießmichtot-Straße 61
Irgendwo 50 km von Berlin entfernt

29. Juli 2012, AZ: H/M-290712,
Ihr Schreiben vom 26.07.12

Sehr geehrter Herr Dr. Ing. K.-H. Döngermann,
Bau-Ökonom und Volkswirt VWA

Ihr Schreiben vom 26.07.12 haben wir erhalten.

Bitte haben Sie Verständnis, dass aufgrund der hohen
Anzahl von Fällen ein Zeitverzug bei der Bearbeitung
entstehen kann.

Wir werden unaufgefordert auf Sie zu kommen.

Mit freundlichen Grüßen

Ihr Jobcenter / Agentur für Arbeit
(dieser Brief wurde maschinell erstellt und ist ohne Unterschrift gültig)

K.-H. Döngermann
Schießmichtot-Straße 61
Irgendwo 50 km von Berlin entfernt

An die
Agentur für Arbeit
Charlottchenstraße 1 - 100
10969 Berlin   05. August 2012

Rückfrage zu Personaldienstleistung „werd´ endlich was"

Sehr geehrte Damen und Herren,

vielen Dank für Ihren freundlichen Zwischenbescheid
vom 29. Juli 2012.

Mein Sohn und ich waren kürzlich in der Stadt, da mir
das Fahrrad gestohlen worden ist und ich mittlerweile
wochentags zur Schonung des Budgets bei Freunden in
Berlin nächtige. Bei der Gelegenheit des Flohmarkt-
Besuches zum Erwerb eines gebrauchten Fahrrades
konnten wir auch der Örtlichkeit der Personaldienstleistung „werd´ endlich was" einen Besuch abstatten.

Ich möchte Sie daher zur Reduzierung Ihres investigati-
ven Aufwandes darüber informieren, dass die Gesellschaft nicht mehr in den Räumlichkeiten residiert und
unbekannt verzogen ist.

Bei dieser Gelegenheit möchte ich anfragen, wo mein Sohn seinen Vermittlungsgutschein einlösen kann, nachdem unsere bisherige, erfolgreiche Anlaufstelle den Betrieb eingestellt hat.

Mit freundlichen Grüßen

Ihr Dr. Ing. K-H. Döngermann,

Bau-Ökonom und Volkswirt VWA

Exkurs: Definition Jobcenter

Jobcenter sind lokale Behörden im Gebiet eines Kreises oder einer kreisfreien Stadt in Deutschland, die Leistungsberechtigte nach dem SGB II (Grundsicherung für Arbeitssuchende) betreuen. Mit Jobcenter wird nach § 6d SGB II sowohl die Optionskommune (alleinige kommunale Trägerschaft) als auch die gemeinsame Einrichtung nach § 44b SGB II bezeichnet, die von der Bundesagentur für Arbeit und dem kommunalen Träger gebildet wird. Aufgabe der Jobcenter ist, Leistungen nach dem SGB II zu gewähren und durch das Prinzip des Förderns und Forderns den betroffenen Personen die Möglichkeit zu eröffnen, ihren Lebensunterhalt künftig aus eigenen Mitteln und Kräften bestreiten zu können. (Quelle: Wikipedia.org, Fassung vom 23.11.2011)

von:	Otto Fideldei	
An:	Karl-Heinz Döngermann	
Datum:	06.08.2012	

Grüß Dich Karl-Heinz, mein alter Freund!

Es ist schon länger her, dass wir zusammen ein leckeres Bier getrunken haben, Du bist ja nur noch in der Stadt und malochst. Unser Stammtisch vermisst Dich auch sehr. Mir geht es zurzeit nicht gut, ich muss Dir das einfach mal erzählen.

Vor drei Wochen hat mein Chef mich nach über zwanzig Jahren Arbeit in dem Scheißladen einfach rausgeworfen. Ich weiß genau, warum – er hatte schon länger über mein Alter gelästert und dass junge Kerle das besser hinbekommen. Aber zwanzig Jahre! Ist das nix? Was soll ich denn jetzt machen? Wer nimmt denn bitte einen knapp sechzig-jährigen Kraftfahrzeugmechaniker, der den meisten Teil des Lebens Trabbis repariert hat? Tatsächlich hat das Schwein jetzt einen jungen Burschen eingestellt, der kann auch mit den modernen Geräten besser umgehen als ich. Aber schweißen und schrauben, das muss der erst noch lernen, da bin ich mir sicher. Sowas ist Arbeit mit Erfahrung – aber das interessiert heute ja niemanden mehr.

Schau doch nur nach Italien mit seinen Politikern, alles „Bunga-Bunga". Keiner besser als der andere, jeder stopft sich die Taschen voll, und wir Idioten müssen das bezahlen. Glaubst Du, hier wäre es besser? Du bist so ein Gutmensch mit Deinen positiven Gedanken, Karl-Heinz!

Ich kann das Geschwätz im Fernsehen „aus dem Bundestag" nicht mehr hören, seit meiner Jugend ballern Israel und Palästina aufeinander ein, wird die Atomkraft bekämpft und die Sozialhilfe gekürzt. Ich glaub keinem mehr was! Meine Alte zu Hause ist auch total gereizt, weil ich jetzt so viel zu Hause rum hänge.

Was soll ich denn auch machen? Mich unter die Dorflinde setzen bei dem Wetter? Wir sind ja hier nicht in Südfrankreich beim Boule-spielen. Übrigens ist meine Alte eine ziemliche Schlampe – jetzt, wo ich mal so unverhofft zu Hause bin, ist mir einiges aufgefallen. Ich bin mir sicher, die treibt´s mit einem aus dem Nachbardorf. Werde Dich auf dem Laufenden halten!

Naja, wo ich gerade dabei bin – bei Deiner Frau solltest Du auch mal besser hinschauen, ich seh´ die häufig mit dem Freudenfels sehr vertraut schwätzen. Dem Kerl kannste auch nicht trauen, der hat´s faustdick hinter den Ohren! Na gut, Karl-Heinz, ich hoffe, wir können bald mal wieder ein gepflegtes Pils gluckern!

bis dann, mein Lieber, Dein Otto.

K.-H. Döngermann
Schießmichtot-Straße 61
Irgendwo 50 km von Berlin entfernt

An die
Agentur für Arbeit
Charlottchenstraße 1 - 100
10969 Berlin   02. September 2012

Meldung zu Personaldienstleistung „werd´ endlich was"

Sehr geehrte Damen und Herren,

ebenso wie in den meisten Betrieben ist die Anzahl der zu bearbeitenden Fälle einfach zu groß, als dass Sie sich meines kleinen Anliegens gleich widmen können. Freilich habe ich Verständnis dafür, dass Sie sich mit meiner Rückfrage vor sechs Wochen noch nicht befassen konnten. Dennoch muss ich heute einen Bericht von höchster Brisanz an Sie reichen, um mögliche Gefahren abwenden zu können.

Um einen besseren Überblick über die bisherige Entwicklung in meinem Arbeitsleben seit Eintritt in die D.P.V. Ltd. zu bekommen, habe ich Ihnen in der Anlage meine Korrespondenz mit der Personaldienstleistung „werd´ endlich was" vollumfänglich beigefügt.

Folgende schreckliche Dinge haben sich nach meinem letzten Schreiben an letztgenannte ereignet: nachdem Herr Üzel von Herrn Stöfel übel zugerichtet wurde und zwei Wochen arbeitsunfähig war, erschien er trotz Gesundmeldung nicht mehr am Arbeitsplatz.

Er war verhaftet worden! Ebenso Frau Masara, unsere Personalchefin. Herr Stöfel hatte Anzeige gegen die benannten Personen erstattet, unglaublich, bei all dem, was die D.P.V. Ltd. für ihn getan hatte.

Unterlegt wird die Klage des Herrn Stöfel entsetzlicherweise durch die weitaus umfangreicher als mir bekannte Rechtsklage der Frau Finkenbeutel, deren Mann nach langjähriger Tätigkeit bei D.P.V. Ltd. den Freitod gewählt hatte. Herr Finkenbeutel hatte sich, wie ich über meine Frau von Frau Schmirgel erfahren musste, nicht aufgrund der hohen Rückforderung der Haftpflichtversicherung für eine fatale Problemlösung entschieden – nein, die Tochter von Herrn Finkenbeutel war von Herrn Üzel schwanger. Trotz der Abtreibung bleibt an der Familie auf ewig ein Makel hängen.

Herr Üzel hatte Herrn Finkenbeutel in seiner Tätigkeit als Call-Center-Agent derart genötigt und bedrängt, auch umgekehrt waren Scharmützel aller Art, so dass Herr Finkenbeutel an einem ganz normalen Tag plötzlich einfach vor den Zug sprang und sein Leben beendete. Herr Üzel soll zum Beispiel Herrn Finkenbeutel beim täglichen Motivationstraining extrem übel angegangen haben.

Das Training sieht aus wie folgt beschrieben: alle Mitarbeiter müssen sich auf einem aufgezeichneten Fußballfeld aufstellen und eine Position wählen, an der man sich auch als Mitarbeiter im Unternehmen sieht.

Logischerweise sollten alle Mitarbeiter die Position „Stürmer" wählen. Herr Finkenbeutel entschied sich an einem Morgen, als die Stimmung zwischen Herrn Üzel und ihm eskaliert war, für die Trainerbank.

Dass dies die Gemengelage nicht besserte, liegt auf der Hand. Zu einem späteren Zeitpunkt, als Herr Finkenbeutel einem natürlichen Verlangen nachgeben musste, verweigerte Herr Üzel ihm die Herausgabe einer Toilettenkarte, was zu einem deprimierenden Ergebnis für Herrn Finkenbeutel führte.

Unter anderem dieser Umstand, der ihn aufgrund seiner jetzt untragbaren Kleidung zum vorzeitigen Verlassen des Arbeitsplatzes nötigte, brachte ihm erhöhte Fehlzeiten und damit Verlust des erhöhten Arbeits-Entgeltes ein. Von dem Hohn der Belegschaft ganz abgesehen, die ja auch sonst nicht immer fair mit ihren Mitmenschen umgehen. So zum Beispiel mit Herrn Fröhlich, der aufgrund einer in der Vergangenheit unglücklich verlaufenen Operation mit einer HIV-infizierten Bluttransfusion in Kontakt kam und seitdem als chronisch krank eingestuft ist. Herr Fröhlich muss immer mit anschauen, wie bestimmte Kollegen überdeutlich mit Desinfektionsmittel alles einsprühen, was er berührt hat.

Übrigens wird vermutet, dass Herr Bengel, der wirklich ein unangenehmer Zeitgenosse ist, die bis zu dem Zeitpunkt unbekannte HIV-Infektion öffentlich gemacht hat.

Doch mit diesen Erlebnissen noch nicht genug, hat Herr Stöfel in seiner Strafanzeige geltend gemacht, die Firma D.P.V. Ltd. würde mit der Personaldienstleistung „werd´ endlich was" ein betrügerisches Konzept führen.

Dies soll wie folgt aussehen:
Die Personaldienstleistung bekommt über Ihre Job-Center Adressen von Langzeit-Arbeitslosen und Vermittlungsgutscheine bzw. Provisionen zugeteilt.
Die Arbeitslosen werden dann der D.P.V. Ltd. als Mini-Jobber zugeführt, die Provision allein reicht schon für die Bezahlung der ersten vier Beschäftigungsmonate aus. Nur die Besten der neuen Mitarbeiter überstehen die ersten drei Monate, so dass unter dem Strich schon ein Gewinn entsteht, zusätzlich zum generierten Umsatz aus der eigentlichen Arbeit „Kalt-Akquise per Telefon".

Scheinbar ist an der Behauptung gegenüber den Strafvollzugs-Behörden ein wahrer Kern, denn Frau Masara ist nach wie vor nicht auffindbar, die Personaldienstleistung „werd´ endlich was" ist geschlossen.

Sehr geehrte Damen und Herren, für mich als ehemals Langzeit-Arbeitsloser und nunmehr seit vier Monaten erfolgreich bei der D.P.V. Ltd. beschäftigt, ist dies eine herbe Botschaft und nur sehr schwer verdaulich.

In diesem Quartal erwarte ich erstmals „Mitarbeiter des Monats" zu werden, und dies sogar unter der Führung des Teamleiters Herrn Bengel!

Gott sei Dank ist Herr Podmanski noch im Unternehmen. Der Schlüssel zu seinem Schrank wurde nicht mehr aufgefunden, er musste das Schloss gewaltsam öffnen lassen. Tatsächlich sind alle Arbeitsverträge verschwunden, Kopien haben die Angestellten nie erhalten.

Mein Vertrauen in das Unternehmen, ich gebe es ungern zu, ist deutlich gesunken.

Herr Podmanski hat aber pragmatisch neue Arbeitsverträge erstellt und unseren Stundenlohn unabhängig von Erfolg um 0,50 € angehoben. Damit kommen wir privat unserem Sparziel für die Anschaffung eines Computers ein ganzes Stück näher.

Auch der Beschwerde einer Mitarbeiterin hat sich Herr Podmanski angenommen: sie monierte die schlechte Luft im Großraum-Büro, die verdreckten Tastaturen und den Ohrenschmalz an den Kopfhörern bei Schichtwechsel und in der Folge regelmäßige Erkrankungen. Herr Podmanski hat angeordnet, dass jeder Mitarbeiter bei Verlassen des Platzes jetzt für eine ordentliche Übergabe verantwortlich ist.

Fehlverhalten wird streng geahndet und in den Teamsitzungen auch offen diskutiert, was ähnliche Wirkung wie ein Pranger im Mittelalter hat. Frau Mausrel tat mir hierbei etwas leid, aufgrund ihrer schlimmen Behinderung kommt sie beim Putzen schlecht unter den kleinen Schreibtisch und wurde daher schon mehrere Male ermahnt. Ich denke nicht, dass sie dieses Quartal überstehen wird. Übrigens soll auch hier zwischen Frau Masara, Herrn Üzel und der Personaldienstleistung „werd′ endlich was" ein übles Geschäft getätigt worden sein.

Frau Mausrel wurde aufgrund der Schwerbehinderung mit einer erhöhten Provision vermittelt, zudem erfüllte D.P.V. Ltd. so die gesetzlichen Anforderungen zur Anstellung von Schwerbehinderten. Die Art und Weise, wie Frau Mausrel vom ersten Tag an behandelt wird gibt Anlass zur Vermutung, dass auch hier nur ein Beschäftigungsverhältnis bis zum „Verzehr" der Provision angedacht ist. Eine üble Verdächtigung, mögen Sie vielleicht denken, aber nach den offenkundigen Missetaten der Strafverfolgten halte ich alles für möglich.

Verehrte Damen und Herren, ich hoffe Sie mit meinen Ausführungen nicht belästigt zu haben. In der Hoffnung um einen Beitrag zu einer guten Sache schließe ich für heute mit freundlichsten Grüßen

Ihr Dr. Ing. K-H. Döngermann,
Bau-Ökonom und Volkswirt VWA

Lieber Otto!

Deine Nachricht hat mich ziemlich erschüttert.

Das ist ja schrecklich mit Deinem Job – dieser Arsch! Wenn ich ihn erwische, werd´ ich dem was erzählen. Der kann froh sein, wenn ich ihn nicht mal mit einem Sack über´n Kopf besuche!

Und was Deine Frau betrifft, das tut mir leid, vielleicht gibt es ja noch einen Weg für Euch? Jedenfalls bitte keine Kurzschluss-Handlung!

Tja, mit meiner Frau, danke für den Hinweis. Ich bin so wenig zu Hause, wer weiß? Gleich am Abend nach Deiner Mail hab ich sie zur Seite genommen und befragt. Natürlich streitet sie alles ab, aber knallrot dabei ist sie geworden. Ganz sauber ist die Geschichte nicht. Aber weißt Du, nach so vielen Ehejahren, wenn sie wirklich was mit dem Freudenfels hat, ich würde es ihr verzeihen, wenn sie zurück kommen wollte. Ich hab´s ihr so gesagt, da hat sie geheult und gesagt, dass ich der beste Mensch in ihrem Leben sei und kein Versager, wie das so mancher aus dem Dorf zuletzt hinter meinem Rücken behauptet hat.

Ach was mach ich mir denn für Gedanken, Otto. Jeden gottverdammten Tag fahre ich mit diesem Scheiß Fahrrad eine ätzende Strecke entlang der Bundesstraße in die Stadt, bei Wind und Wetter, um die paar Kröten zu verdienen für die Familie. Die Bedingungen auf der Arbeit sind die nackte Sklaverei, den Typen gehört das Handwerk gelegt. Aber ich brauch´ doch den Job!

Verstehst Du? Ich kann nicht zu dem Depp von „Teamleiter" Bengel – der Arsch ist auch noch „Mitarbeiter des Monats", ich häng´Dir mal die Urkunde dran, unglaublich - gehen und ihm, so gerne ich es würde, die Nase brechen so wie neulich der Stöfel dem Üzel. Der Typ ist ein Schwein – könnte eine Wiedergeburt aus´ nem KZ sein. Dem eine zu verbraten, das wäre zu schön, aber dann bin ich draußen. Also dulde ich weiter, und hoffe, dass es irgendwann mal besser wird. So viele Jahre hab ich ja nicht mehr zur Rente, aber was ist, wenn die dann nicht reicht? Schau´ Dir doch mal die aktuellen Nachrichten zur Altersarmut an – mir wird wirklich bange. Horch, ich komme bald zum Stammtisch, versprochen!

Otto, ich drück´ Dich, bis bald,

Dein Karl-Heinz

Urkunde

Hiermit wird offiziell bestätigt,
dass

Herr Bengel

der verlogenste und widerlichste
Mensch auf Erden und damit
Aspirant für den "Mitarbeiter des
Monats" der D.P.V. Ltd. ist

Internet, den 12. Juli 2012

Online Wahnsinn

onlinewahn.de

84

Agentur für Arbeit
Charlottchenstraße 1 - 100
10969 Berlin

Herrn Dr. Ing. K-H. Döngermann,
Bau-Ökonom und Volkswirt VWA.
Schießmichtot-Straße 61
Irgendwo 50 km von Berlin entfernt

05.09.2012, AZ: H/M-290712, Ihr Schreiben vom 05.08.12 betreffend Missstände bei D.P.V. Ltd.

Sehr geehrter Herr Dr. Ing. K.-H. Döngermann,
Bau-Ökonom und Volkswirt VWA

Ihr Schreiben vom 05.08.2012 haben wir erhalten. Bitte haben Sie Verständnis, dass aufgrund der hohen Anzahl von Fällen ein Zeitverzug bei der Bearbeitung entstehen kann. Wir werden unaufgefordert auf Sie zu kommen.

Mit freundlichen Grüßen

Ihr Jobcenter / Agentur für Arbeit
(dieser Brief wurde maschinell erstellt und ist ohne Unterschrift gültig)

K.-H. Döngermann
Schießmichtot-Straße 61
Irgendwo 50 km von Berlin entfernt

An die
Agentur für Arbeit
Charlottchenstraße 1 - 100
10969 Berlin   10. September 2012

Meldung betreffend Missstände bei D.P.V. Ltd.

Sehr geehrte Damen und Herren,

bei allem Verständnis für die viele Arbeit in ihrem Hause finde ich es doch enttäuschend, weder auf mein erstes noch zweites Schreiben, in denen ich Ihnen wertvolle Informationen zukommen ließ, eine verbindliche Reaktion erhalten zu haben.

Im Zeitablauf haben sich erneut signifikante Veränderungen im Hause D.P.V. Ltd. ereignet. Frau Kowalski, unsere ehemalige Kaffee-Frau und meine Freundin im Hause D.P.V. Ltd. von der ersten Stunde an, hat das Unternehmen verklagt. Neben einigen unwichtigen Aspekten kann sie wohl nachweisen, dass das Paket mit zehn Kilogramm Kaffee von Herrn Üzel entwendet worden war mit dem Ziel, ihr Schwierigkeiten zu machen. Herr Üzel hat mich wirklich bitter enttäuscht!

Ich hatte ein anderes Bild von diesem Herren. Aber so ist es immer im Leben, wenn man etwas genauer und lang genug hinschaut, blättert der Lack ab.

So übrigens auch von meiner Ehe, aber mit meinen privaten Problemen möchte ich Sie nicht beschäftigen. Nur kurz sei berichtet: meine Frau hat meine berufliche Entwicklung mit den langen Abwesenheiten zu einem „Tete-a-Tete" mit Herrn Freudenfels genutzt.

Herr Freudenfels und ich haben verständlicherweise unsere Kommunikation eingestellt. Für mich eine auch in wirtschaftlicher Hinsicht sehr unangenehme Situation, da im Falle einer Scheidung von meinem kargen Lohn wirklich gar nichts mehr übrig bleibt. Eine Hochrechnung lässt erahnen, dass ich die nächsten zwei Jahre im Anschluss an eine Scheidung nur für die Anwaltskosten arbeiten würde. Kein sonniger Gedanke.

Frau Spaniel, ehemals Mitarbeiterin des Monats, ist mit Herrn Bengel aneinander geraten. Herr Bengel hatte Frau Spaniel mehrmals die Toilettenkarte verweigert und anzügliche Angebote gemacht, mit ihm gemeinsam die Örtlichkeit aufzusuchen. Frau Spaniel hat ein Aufzeichnungsgerät verwendet und diese Nötigung registriert. Herr Bengel hat Frau Spaniel dreißig Fehlzeit-Minuten gut geschrieben und gelobt, diese „Späße" in Zukunft zu unterlassen.

Mit Frau Schmirgel ist der Verlauf weniger glimpflich gewesen. In einer der Minuten, in denen das Gespräch mit meiner Frau weniger von der Affäre mit Herrn Freudenfels belastet war, berichtete mir meine Frau von der Rückkehr der Symptome des Burnout-Syndroms bei Frau Schmirgel. Müdigkeit, Kopfschmerzen, Gereiztheit und das Gefühl der Ohnmacht.

Übrigens hat Frau Schmirgel die Gewerkschaft angerufen und über die Lohngestaltung der D.P.V. Ltd. berichtet, da bei der Gewerkschaft aktiv für die Einführung eines Mindestlohnes gefochten wird. Herr Bengel hat dies erfahren und Frau Schmirgel zur Rede gestellt mit dem Hinweis, dass bei gutem Erfolg unser Lohn eklatant positiv von der Mindestlohn-Forderung abweicht. Für den Fall, dass sie weiter das Unternehmen verhetze, würde er ihre Entlassung ansteuern. Frau Schmirgel hat daraufhin aus Angst um Arbeitsplatzverlust die Aussage bei der Gewerkschaft abgemildert.

Mein Sohn hat zwischenzeitlich ein neues Fahrrad auf dem Flohmarkt erwerben können und nimmt in Kürze bei D.P.V. Ltd. sein Arbeitsverhältnis auf. Insgesamt ist ihm nicht ganz entgangen, dass meine anfängliche Euphorie durch die genannten Ereignisse etwas gedrückt wurde. Jedoch bietet sich für ihn im Gegensatz zu dem Knochenjob in der Bäckerei hier ein sauberes Arbeitsumfeld mit besseren Arbeitszeiten. Ich denke, dass er schnell in das Unternehmen einsteigen wird. Vorgesehen ist mein Sohn für die „Kampagne Österreich".

Das ist übrigens immer sehr lustig, dazu werden dann Landesfahnen an der Decke aufgehängt.

Übrigens hat auch Herr Freudenfels bei D.P.V. Ltd. deutliche Probleme bekommen. Seine fingierten Telefon-Akquisitionen mit Freunden und Bekannten sind ruchbar geworden. Zudem hatte er gegen den Leitfaden verstoßen, keine vor Jahrgang 1935 geborenen Bürger zu akquirieren. Hier wird die Grenze gezogen, bei der die Vermutung vorliegt, dass Angehörige gegen den Vertrag Widerspruch einlegen könnten. Herr Freudenfels umging diese klare Anweisung des häufigeren, aufgefallen ist es, als er einen Freund seines Vaters im Seniorenwohnheim akquirierte.

Für mich persönlich haben die beschriebenen Vorgänge noch keine Auswirkungen. Meinen Stundenlohn konnte ich erstmals mit 11 € rückwirkend verbuchen, da ich weder Fehlzeiten noch mangelnde Aktivierungslisten hatte. Wahrscheinlich werde ich sogar Mitarbeiter des Monats. Mein Sohn wird ein gutes Vorbild haben, wenn er in den Betrieb eintritt!

Für heute soll dies genügen, ich hoffe Sie mit diesen weiteren Anmerkungen hinsichtlich ihrer Recherchen unterstützen zu können und verbleibe

Mit freundlichen Grüßen

Ihr Dr. Ing. K-H. Döngermann,
Bau-Ökonom und Volkswirt VWA

Agentur für Arbeit
Charlottchenstraße 1 - 100
10969 Berlin

An die Staatsanwaltschaft Berlin
Turmstraße 91
10559 Berlin

16.09.2012, AZ: H/M-291892, Bitte um Amtshilfe w/vermuteter Missstände bei D.P.V. Ltd.

Sehr geehrte Damen und Herren,

es liegen uns berechtigte Verdachtsmomente über Missbrauch von Vermittlungsgutscheinen für Langzeitarbeitslose seitens der Personaldienstleistung „werd´ endlich was", Charlottenstraße 87-90 in 10969 Berlin, vor. Ein von dort vermittelter Langzeitarbeitsloser hat uns über zahlreiche untragbare Umstände in dem zugewiesenen Unternehmen informiert, denen wir Sie nachzugehen bitten möchten. Unseren Informanten möchten wir derzeit noch nicht einbeziehen und werden ihm zu diesem Zweck Zwischenbescheide zukommen lassen, bis Ihre Stellungnahme erfolgen konnte.

Mit freundlichen Grüßen

Kollegialiter, Ihr Jobcenter / Agentur für Arbeit

90

Agentur für Arbeit
Charlottchenstraße 1 - 100
10969 Berlin

Herrn Dr. Ing. K-H. Döngermann,
Bau-Ökonom und Volkswirt VWA.
Schießmichtot-Straße 61
Irgendwo 50 km von Berlin entfernt

16.09.2012, AZ: H/M-290712, Ihr Schreiben vom 05.08.12 ff. betreffend Missstände bei D.P.V. Ltd.

Sehr geehrter Herr Dr. Ing. K.-H. Döngermann,
Bau-Ökonom und Volkswirt VWA,

Ihr Schreiben vom 05.08.2012 ist noch in Bearbeitung, bitte haben Sie Geduld.

Wir werden unaufgefordert auf Sie zu kommen.

Mit freundlichen Grüßen

Ihr Jobcenter / Agentur für Arbeit

von:	Erna Grünbaum
An:	Karl-Heinz Döngermann
Datum:	17.09.2012

Karl-Heinz, Du treue Seele!

Wir finden es so lieb, dass Du Dich immer wieder nach unseren Sorgen erkundigst, dabei hast Du doch sicher auch das eine oder andere Päckchen zu tragen. Deine Frage zur Entwicklung bei Claudia und ihrer Arbeit bei der Friseurkette „B & F- Company" in Berlin hat leider einen wunden Punkt getroffen, die Geschichte ist schrecklich!

Claudia hatte sich so gefreut, schon nach einem Monat hatte sie die Leitung einer Filiale anvertraut bekommen. Die „B & F-Company" mit der Werbung „gibt es noch andere Friseure?" hat ja fast 200 Filialen in der gesamten Republik.

Neulich ließ der Geschäftsführer unsere Claudia auf Firmenkosten mit dem Flugzeug nach Hamburg zur Zentrale einfliegen. Claudia war schon ganz aufgeregt, sie hatte so ein gutes Gefühl.

Doch dann kam es ganz anders – der Geschäftsführer las ihr einige „Testberichte" vor und hat sie dann bezichtigt, es zugelassen zu haben, dass eine Mitarbeiterin 30 € für eine Spezialdauerwelle unterschlagen habe; eine Testkundin könne das bezeugen. Gleichzeitig legt er eine Strafanzeige wegen „Beihilfe zum Diebstahl, Betrug, Unterschlagung und / oder Untreue" auf den Tisch und verlangte, entweder sie unterschreibe ein Schuldanerkenntnis und eine Vereinbarung über die Beendigung des Arbeitsverhältnisses – oder er entlasse sie fristlos und schicke die Anzeige ab.

Claudia war völlig entsetzt, sie verweigerte aber die Unterschrift und zwei Wochen später hatte sie die fristlose Kündigung auf dem Tisch. Zum Glück hat Claudia geklagt, die Kündigung musste nach einem Arbeitsprozess in eine ordentliche Kündigung umgewandelt werden und sie bekam 2.500 € Abfindung, die Vorwürfe mussten fallen gelassen werden. Übrigens – die „Testkundin" wurde befragt, sie hatte überhaupt keine Unterschlagung beobachtet! Das hat sich der Geschäftsführer ausgedacht, um Claudia rauszuekeln! Wie widerlich!

Aber weißt du, woran das alles liegt? Es gibt immer mehr Friseursalons, rund 80.000 in Deutschland kämpfen um immer geringeren Umsatz! Die letzte Statistik, die wir finden konnten, ist von 2006 – damals verdienten Friseure durchschnittlich einen Bruttoverdienst von 15.787 € im Jahr.

Karl-Heinz, das ist weniger als ein Gebäudereiniger verdient, der bekommt 21.317 € im Durchschnitt und muss sich dafür nicht von jedem Kunden die schwachsinnigsten Geschichten anhören. Claudia ist ja neben ihrem Beruf als Friseurin auch noch die Hobby-Therapeutin des Bezirks. Aber Claudia sagt, der wahre Grund für ihre Entlassung sei gewesen, dass sie sich für eine faire Bezahlung ihrer Mitarbeiterinnen eingesetzt habe und dabei das Wort „Tarif" benutzte. Außerdem hat sie auf die regelmäßigen, unbezahlten Überstunden hingewiesen. Die „B & F-Company" liegt jedenfalls unter dem Tariflohn und äußert sich nicht zu den Vorwürfen, die ja auch Prozess-Bestandteil waren.

Nur, Karl-Heinz, wie soll denn das alles auch funktionieren? Die Werbung von der „B & F-Company - gibt es noch andere Friseure?" ist doch „alles für zehn Euro" und sie behaupten, dass eine Vielzahl von Friseuren in Deutschland ihren Kunden völlig überhöhte Preise berechnet, die man selbst in New-York und London nicht findet. Sie sagen rotzfrech, dass der Preisvorteil gerade nicht durch niedrigere Löhne erzielt werde, sonst würde man auch keine Mitarbeiter finden. Die gute Kalkulation von Einkauf würde das Preisgefüge erlauben.

Aber wie bei der Recherche dann rauskam, zahlen in Wirklichkeit die rund 800 Beschäftigten den Preis für billige Strähnen und Schnitte. Zumal es nicht in jedem Land einen Tarifvertrag für das Friseurgewerbe gibt, der bei sechs Euro die Stunde beginnt. Da bekommst Du im Call-Center ja schon mehr, Karl-Heinz! Sei froh!

Ach ja, bei der „B & F-Company" sind aber nicht nur schlechte Menschen – neulich informierte der ätzende Geschäftsführer alle Bezirksleiter, dass Dutzende Beschäftigte ihren Verdienst später erhalten oder sogar fristlos entlassen werden sollten, gegen sie lägen nach einer umfassenden Revision Informationen über Arbeitsrechtsverstöße vor. Aus dem Kreise der Verdächtigen sollten die schlechtesten Mitarbeiter „ohne Rücksicht auf die Betriebszugehörigkeit" entlassen werden. Konkret hieß das, pro Bezirk mindesten zehn bis zwanzig Menschen, fristlos, man könne 100 Klagen locker bewältigen.

Das hat ein Kollege von Claudia erzählt, der ist dagegen angegangen und wollte die Forderungen nicht umsetzen, da haben sie ihn raus geworfen. Er macht sich jetzt selbständig. So, wie so viele von den Friseuren, aber dann reicht´s doch kaum noch, um in die Sozialversicherung einzuzahlen. Wovon sollen die denn im Alter eigentlich leben? Ich habe zur Claudia nur gesagt, die Leute sind doch alle selbst schuld, dass das Land so verkommt. Wer für eine Leistung nichts bezahlen will und zum Beispiel zum Billigfriseur geht, der unterstützt Lohndumping.

Und weißt Du noch, Karl-Heinz, als wir damals die Kinder ins Studium schickten, da haben wir schon gefrotzelt, jetzt bringen die Professoren ihnen bei, wie sie sich später am besten selbst weg rationalisieren.

Genauso ist es doch gekommen. Ach, ich wäre so froh, Dir anderes schreiben zu können, aber im Moment bin ich einfach nur in düsteren Gedanken zu Hause. Mach´ Du das Beste aus Deinem neuen Job, lieber Karl-Heinz. Du warst immer der Fleißigste von uns allen, Du hast es Dir redlich verdient, einen rechtschaffenen Beruf zu haben.

Liebe Grüße au Deine Familie,

Deine Erna

PS: wann ist endlich so weit? Wann wird die Politik mal wach und greift ein? Auf eine solche Schlagzeile warte ich wohl vergeblich!

(Anmerkung: kennen Sie die Initiative „Der faire Salon"? Die Mitglieder müssen sich verpflichten, mindestens Tariflöhne zu bezahlen, ihre Mitarbeiter weiterzubilden und Kunden fachkundig zu beraten. Im August 2011 hatte „Der faire Salon" schon 307 Mitglieder.)

K.-H. Döngermann
Schießmichtot-Straße 61
Irgendwo 50 km von Berlin entfernt

An die
Agentur für Arbeit
Charlottchenstraße 1 - 100
10969 Berlin   20. September 2012

Diverse Schreiben betreffend Personaldienstleistung „werd′ endlich was" und Missstände bei D.P.V. Ltd.

Sehr geehrte Damen und Herren,

wie ich Ihrem neuerlichen Zwischenbescheid entnehmen musste, konnten Sie meine Berichterstattung noch nicht zuordnen. Dies ist sehr bedauerlich, zumal die Ereignisse bei D.P.V. Ltd. sich weiter zuspitzen. Um Sie über die Chronologie auf dem Laufenden zu halten und gleichzeitig eine Bearbeitung meiner Schreiben nicht auseinander driften zu lassen, bitte ich Sie diese gemeinsam zu verwalten.

Frau Finkenbeutel hat ihre Klage gegen Herrn Üzel in erster Instanz gewonnen. Herr Üzel wurde neben der Verurteilung sexueller Handlung an Minderjährigen auch für Nötigung, Mobbing und diversen anderen Vergehen belangt. Das Strafmaß erscheint allerdings vor dem Hintergrund der Taten sowie der Folgen für die

Familie Finkenbeutel mit einer Haftstrafe von zwölf Monaten auf Bewährung als zu gering, verglichen mit den Ordnungswidrigkeits-Bescheiden bei Nichtentfernung von Hundekot auf Bürgersteigen zum Beispiel, von dem es in hier in unserer Möchtegern-Hauptstadt Berlin nun wirklich genügend gibt. Jedenfalls ist Frau Finkenbeutel als Nebenklägerin nicht zufrieden mit dem Urteil und will eine neue Verhandlung anstreben.

Herr Freudenfels hat mir gegenüber angedeutet, dass er das Unternehmen in Kürze verlassen wird. Er plant einen „großen Wurf", kombiniert mit einer privaten Erneuerung, was auch immer das bedeuten soll. Meine Frau habe ich hierzu befragt, sie beteuerte, Herrn Freudenfels schon seit Wochen nicht mehr gesehen und gesprochen zu haben. Ich muss es ihr so abnehmen, bin ich doch während der Schicht-Tage nur noch in Berlin in dem Zimmer meiner Freunde, da die jüngste Fahrpreis-Erhöhung der Bahn die Pendelei wirklich unerschwinglich gemacht hat.

Übrigens war hierzu noch eine Antwort ihrer Agentur ausständig, die Personaldienstleistung „werd' endlich was" hatte mich seinerzeit diesbezüglich an Ihr Haus verwiesen. Bitte nehmen Sie sich in dem Zusammenhang dieser Anfrage an.

Frau Masara soll zwischenzeitlich von der Polizei gestellt worden sein, wegen erhöhter Fluchtgefahr ist sie in Untersuchungshaft.

Genaueres weiß ich hierzu aber nicht. Herr Podmanski hat von der Geschäftsführung eine Beförderung erhalten, zusätzlich einen Tag Sonderurlaub, was bei dem zugegeben geringen Urlaubsanspruch von gesetzlichen 24 Tagen gerechnet auf eine sechs-Tage-Woche eine schöne Sache ist. Sein neues Aufgabengebiet umfasst neben der früheren Aufgabe der Buchhaltung jetzt auch das Personalwesen. Herr Podmanski ist sehr stolz auf sein neues Verantwortungsgebiet und hat uns im Anschluss an die Schicht zu einem Kalt-Getränk in der benachbarten Lokalität eingeladen.

Frau Spaniel, ehemals selbst Mitarbeiterin des Monats, konnte sich nach dem Genuss eines dritten Glases weißen Weines nicht mehr zurück halten und prustete heraus, dass er ein weiterer Sklave der D.P.V. Ltd. sei und jetzt zwei verantwortungsvolle Positionen bei einem Gehalt hätte. Herr Podmanski´s Freude über diese unfairen Worte war verständlich verhalten.

Frau Schmirgel ist nicht mehr für die D.P.V. Ltd. tätig. Herr Bengel hatte Frau Schmirgel wiederholt bei Müdigkeitsattacken ertappt und ihre Kündigung ausgesprochen. Gegen die Rückzahlung der Einarbeitungskosten in Höhe von 240 € will Frau Schmirgel gerichtlich vorgehen. Ihre Chancen auf Erfolg stehen wohl gut, da der ursprüngliche Arbeitsvertrag verschwunden ist und Herr Podmanski dieses Thema nicht neu eruieren möchte.

Herr Stöfel musste kürzlich wegen der Kampfhandlungen und Körperverletzung Herrn Üzel´s vor Gericht. Der Richter verurteilte ihn ungeachtet der Umstände seines Verhaltens für drei Monate mit Bewährung, was aus der Sicht des Rechtsstaates sicher korrekt ist, bei Betrachtung der widerlichen Taten des Herrn Üzel´s aber eher eine Belohnung verdient gehabt hätte als ein solches Strafmaß. Herr Stöfel gilt ab jetzt als vorbestraft – dieser Eintrag wird seine beruflichen Chancen nicht verbessern!

Aber bitte verzeihen Sie mir meine persönliche Anschauung – selbstverständlich leben wir in einem Rechtsstaat, und die Richter setzen nur die von uns selbst getragenen Gesetze in die Tat um.

Wo wären wir, gäbe es die Selbstjustiz? Meine Familie und ich sind sehr froh, in einem freien Land mit klarer Gewaltenteilung und fairen Prozessen leben zu dürfen. Wir kennen es ja auch anders aus der früheren, dunklen Zeit ist „Ostgermanien".

Neben all diesen unangenehmen Themen geschehen aber auch immer noch lustige Dinge, auch hiervon sollen Sie erfahren. Arbeit soll ja auch Spaß machen!

Ein Mitarbeiter hatte eine Aktivierung erfolgreich abgeschlossen und einige Tage später erfolgte durch Frau Mausrel, die Mitarbeiterin mit der charmanten Stimme, der notwendige Bestätigungsanruf, um eine Kündigung auszuschließen (clever, diese Call-Center-Strategen, ich ziehe immer wieder den Hut davor, wie gut sich die Planer mit der Rechtsprechung auskennen).

Als sie bei dem Kunden anrief, freute dieser sich richtig und ein längeres Gespräch entstand daraus. Der Kunde, ein älterer Herr aus unserem südlichen Nachbarland, einst Heimat des bewährten Schillings, hat sich in die Stimme verliebt und möchte demnächst Frau Mausrel kennen lernen.

Auch Frau Mausrel ist entzückt und dem Charme des Herrn bereits fast erlegen. Sie hat ihm ihre private Telefon-Nummer gegeben und hofft auf ein baldiges Treffen. Das ist doch mal eine romantische Geschichte!

Für heute möchte ich mit dieser guten Stimmung schließen und hoffe, Ihre Antwort auf meine Schreiben in Kürze lesen zu dürfen.

Mit bester Empfehlung,

Ihr Dr. Ing. K-H. Döngermann,
Bau-Ökonom und Volkswirt VWA

Urteil: Kündigung von Kassiererin wegen Pfandbons rechtens!

Das Arbeitsgericht Berlin hat am Donnerstag die fristlose Kündigung einer Kassiererin wegen mutmaßlicher Unterschlagung als rechtswirksam bestätigt. Gewerkschaften hatten für sie demonstriert, weil sie dem Unternehmen Schikanierung ihrer Mitglieder vorwerfen.

Es bestehe der dringende Verdacht, dass die Frau Pfandbons, die Kunden verloren hatten, an sich genommen und zulasten ihres Arbeitgebers eingelöst habe, teilte das Gericht mit. Die Beträge habe sie beim Mitarbeiterkauf für sich verbraucht. Dieser Verdacht sei durch die Aussagen der vernommenen Zeugen bestätigt worden. Unter dem Motto "Solidarität für Emmely" hatten Gewerkschaften und Politiker wiederholt für eine Weiterbeschäftigung der Kassiererin demonstriert, die über 30 Jahre für das Unternehmen tätig war. Sie werfen der Lebensmittelkette Schikanierung von Gewerkschaftsmitgliedern vor. Die 50-Jährige war Anfang des Jahres entlassen worden, weil sie zwei Pfandbons für leere Flaschen im Wert von 1,30 Euro unterschlagen haben soll. Die Richter vertraten die Auffassung, der begangene Betrug reiche für eine Verdachtskündigung aus. Dabei komme es nicht auf den Wert der Pfandbons an. Maßgeblich sei vielmehr, dass das Vertrauensverhältnis nachdrücklich zerrüttet worden sei. Dabei habe das Arbeitsgericht auch berücksichtigt, dass die Klägerin im Prozess wiederholt betont habe, dass sie das vorgeworfene Verhalten auch überhaupt nicht als gravierend ansehe. Gegen die Entscheidung hat das Gericht Berufung zugelassen. (imo/ddp)Quelle: Der Tagesspiegel, 21.08.2008 (Rubrik Polizei & Justiz)

Agentur für Arbeit
Charlottchenstraße 1 - 100
10969 Berlin

Herrn Dr. Ing. K-H. Döngermann,
Bau-Ökonom und Volkswirt VWA.
Schießmichtot-Straße 61
Irgendwo 50 km von Berlin entfernt

**24.09.2012, AZ: H/M-290712, Ihr Schreiben vom
05.08.12 ff. betreffend Missstände bei D.P.V. Ltd.**

Sehr geehrter Herr Dr. Ing. K.-H. Döngermann,
Bau-Ökonom und Volkswirt VWA,

Ihr Schreiben vom 05.08.12 ist noch bei uns in Bearbeitung, bitte haben Sie Geduld.

Wir werden unaufgefordert auf Sie zu kommen.

Mit freundlichen Grüßen

Ihr Jobcenter / Agentur für Arbeit

K.-H. Döngermann
Schießmichtot-Straße 61
Irgendwo 50 km von Berlin entfernt

An die
Agentur für Arbeit
Charlottenstraße 87-90
10969 Berlin   29. September 2012

Diverse Schreiben betreffend Personaldienstleistung „werd´ endlich was" und Missstände bei D.P.V. Ltd.

Sehr geehrte Damen und Herren,

etwas ungehalten, aber vor dem Hintergrund der hohen Zahl von Geschäftsvorfällen bei Ihnen noch voll Verständnis, habe ich Ihre letzte Note erhalten.

Hieraus ist ableitbar, dass Sie weder mein Schreiben zur Personaldienstleistung „werd´ endlich was" noch wegen „Missstände bei D.P.V. Ltd." und auch nicht das Schreiben betreffend beider Themen bearbeiten konnten. Dies ist sehr bedauerlich, nehmen doch die Dinge bei D.P.V. Ltd. einen chronologisch schneller werdenden Verlauf als Ihre Bearbeitungsweise es zu verfolgen zulässt.

Dennoch möchte ich es nicht missen, Ihnen die aktuellen Ereignisse bei der D.P.V. Ltd. zu schildern.

Nach der Feierlichkeit von Herrn Podmanski anlässlich seiner Beförderung kehrte für einige Tage Ruhe ein. Zur Stimmungsbesserung trug auch die Einführung einer vierten Toilettenkarte bei. Es war schon manchmal undankbar zu zuschauen, wenn ein Kollege oder eine Kollegin vor der Toilette wartend in unangenehme Umstände gebracht wurde. Dank Herrn Podmanski´s persönlichen Einsatz bei der Geschäftsführung für die vierte Karte ist dieser Mangel jetzt behoben. In einem Pausengespräch, wir lasen gerade die „BOLLERT"-Tageszeitung (die einzige Zeitung, deren gesamten Inhalt wir in den 10 Minuten Pause lesen können), entbrannte aufgrund eines dort geschilderten Arbeitsumfeldes eine harte Diskussion, die wir nach der Arbeit noch bei einem Kalt-Getränk fort führten.

In der „BOLLERT" war in einem Artikel über Arbeitsverhältnisse bei einem Supermarkt die Rede, wo Sub-Unternehmer Personal zu Sklaven-Preisen einsetzen. Herr Podmanski konnte hierzu natürlich beisteuern, dass dies bei uns nicht so ist. Allerdings entglitt ihm in einem unbedachten Moment eine gänzlich andere, damit nicht zusammen hängende Information hinsichtlich der Geschäftspraktiken der D.P.V. Ltd. Sie können aus meinen ersten Schreiben an die Personaldienstleistung „werd´ endlich was" entnehmen, wie ein Verkaufsgespräch seitens D.P.V. Ltd. geführt wird.

Eben ein solches hatte unsere Frau Mausrel als Bestätigungsanruf mit dem verliebten älteren Herrn in Wien geführt und sich als eine Österreicherin mit Arbeitsplatz in Graz vorgestellt. Wie berichtet, hatte Frau Mausrel dem Werben des älteren Herrn nachgegeben und ihre private Telefon-Nummer offen gelegt. Der Teufel steckt im Detail – der ältere Herr fragte verständlicherweise später nach, warum dieser Anschluss in Deutschland, namentlich in Berlin ist und nicht in Graz.

Frau Mausrel ist trotz der charmanten Stimme nicht unbedingt eine kluge Frau, sie gab die ganzen Informationen in ihrer Verliebtheit preis. Der ältere Herr nahm dies zum Anlass und erstattete eine Strafanzeige gegen die D.P.V. Ltd. hinsichtlich intransparenter Geschäftsgebaren etc. Genaueres weiß ich allerdings nicht, nur dass Frau Mausrel tatsächlich die Liebe erwidert und um Verzeihung für ihr bibelfernes Verhalten gefleht haben soll. Immerhin hat der ältere Herr Frau Mausrel's Entschuldigung angenommen, die beiden wollen ihre „Amour Fou" weiter führen.

Mit bester Empfehlung und der Hoffnung, dass meine Post bei Ihnen gelesen werden wird,

Ihr Dr. Ing. K-H. Döngermann,
Bau-Ökonom und Volkswirt VWA

Zahl der Woche

(Frankfurter Allgemeine Zeitung vom 04.02.2012)

700 € verdiente ein Auszubildender im Jahr 2011 im Durchschnitt. Ein Maurer in Westdeutschland bekam 943 €, ein Friseur in Ostdeutschland 249 € (Quelle BIBB)

Email	von:	Karl-Heinz Döngermann
	An:	Otto Fideldei
	Datum:	05.10.2012

Servus mein lieber Otto,

die Ereignisse haben sich in den letzten Wochen überschlagen, ich kann Dir sagen! Leider habe ich es noch nicht zu unserem Stammtisch geschafft, aber das wird bald, ich bin mir sicher.

Wie ist es mit Deiner Frau ausgegangen? Ob Du es glaubst oder nicht – Du hattest recht mit meiner Frau! Sie war doch tatsächlich mit dem Freudenfels zugange!

Ein paar Tage, nachdem ich sie darauf angesprochen hatte, brach es aus ihr heraus wie im schlechten Film.

Ich sag´ Dir, ich fühlte mich erst mal wie ausgekotzt. Zum Glück war ich etwas vorbereitet, und ich sagte Dir ja schon, wenn sie will, dann bleiben wir ein Paar. Wir werden wohl in Kürze eine Paar-Therapie machen (in unserem Alter, nach vierzig Jahren Ehe!) und unsere Defizite aufarbeiten. Ich liebe sie!

In der D.P.V. Ltd. ist es zum Kotzen, ein intriganter Haufen von Menschenschindern.

Aber das schlimmste ist, egal an wen ich mich wende, keiner antwortet! Ich kann Dir gar nicht sagen, wie viele Briefe ich jetzt schon an die Behörden geschrieben habe, da kommt nix außer lächerlichen Zwischenbescheiden zurück.

Zum wahnsinnig werden! Aber dieser Sauhaufen fällt bald über sich selbst, ich bin mir sicher. Da sind so einige Sachen passiert, aber das kann ich Dir nicht alles schreiben, wir müssen uns unbedingt mal sehen.

Das ist abendfüllend!

Lieber Otto, kommendes Wochenende habe ich endlich mal frei nach über fünf Monaten. Hast Du Zeit für einen Spaziergang?

Den Grog bringe ich mit, versprochen!

Dein Karl-Heinz

„Wer den Menschen die Hölle auf Erden bereiten will, der braucht ihnen nur alles zu erlauben."

Graham Greene, 1904 – 1991, englischer Schriftsteller

Ungeheuerliche Vorwürfe, eine Schlägerei vor dem Bürogebäude und ein getürmter Geschäftsführer sind die erste Bilanz einer längeren verdeckten Ermittlung der Staatsanwaltschaft Berlin gegen die D.P.V. Ltd. Diese betreibt ein Call-Center, in welchem sich skandalöse Sozial-Betrügereien abgespielt haben. Ein unbekannter Informant hatte über Monate hinweg seine Beobachtungen an die zuständigen Behörden gemeldet, so dass jetzt ein erfolgreicher Zugriff erfolgen konnte. Bekannt geworden sind systematischer Missbrauch der sogenannten Vermittlungsgutscheine, die Langzeitarbeitslose von ihren Jobcentern zur Einlösung bei Personalvermittlungsdiensten bekommen. Ein schwarzes Schaf der Branche, die Personalvermittlung „werd´ endlich was", nutzte in großem Stil die Gutscheine zur Vermittlung von Arbeitskräften aus dem sekundären Arbeitsmarkt und sorgte dafür, dass die Beschäftigung im Minijob-Verhältnis beim Arbeitgeber kürzer dauerte als der Gutschein wert war. Die Differenz soll sich die Betreiberin der Personaldienstleistung und der Geschäftsführer der D.P.V. Ltd. eingestrichen haben. Beide Gesuchte sind flüchtig. Zu den Vorwürfen gesellt sich der besondere Geschmack des Geschäftszweckes der D.P.V. Ltd. – auftragsbezogen wurden von dort aus täglich hunderte wehrloser Kunden telefonisch terrorisiert und zu Verträgen überredet, die ihnen in der Regel nur zum Nachteil gereichten. Über den Marktaustritt der D.P.V. Ltd. wird daher kaum jemand wirklich traurig sein.

Exkurs: Systembeschreibung Callcenter

Liebe Leser! Wenn Sie heute früh aufgestanden sind, Ihren Frühstückskaffee getrunken haben und im Laufe des Tages nicht von einem Mitarbeiter aus einem Call-Center angerufen wurden, dürfen Sie sich glücklich schätzen. Rund jeder dritte Deutsche wird täglich von einer beauftragten Call-Center-Agentur telefonisch belästigt. Trotz aller Maßnahmen der Gesetzgeber ist es leider immer noch der Fall, dass Call-Center die Provisionsabhängige Vermittlung von z.B. Telefontarifen versuchen. Dies ist in den seltensten Fällen für den Endkunden ein Gewinn, hier verdienen eher alle anderen an dem Geschäft.

Aber wer sind die Menschen, die uns anrufen? Die mit Ihnen sprechen wollen und manchmal höflich, häufig brüsk und in nicht wenigen Fällen sogar heftig abgewiesen werden. Ein kurzer Überblick soll uns hier helfen, die Situation der Call-Center-Agenten besser einschätzen zu können.

Selten handelt es sich um Mitarbeiter, die im Primär-Arbeitsmarkt eine Chance haben würden. Sie kommen häufig über den Sekundär-Arbeitsmarkt, haben eine schlechte Schulbildung, chronische Erkrankung und/oder längere Phase der Arbeitslosigkeit hinter sich.

Auf sie wartet die Hölle der modernen Arbeitswelt. Perfektionierte Arbeitsstunden, nahe am Status der fehlenden Menschenwürde, arbeiten sie meist in Großraum-Büros in engen „Boxen". Diese sind ca. 60 – 90 cm breit, seitlich abgeschirmt und enthalten keinerlei private Dinge. Kopfhörer, sogenannte Head-Sets, sind aufgrund der wechselnden Benutzer im Schichtdienst nicht selten verschmutzt. Die Supervisor sitzen in separaten Büros, meist mit einem einseitig transparenten Spiegel wie in Verhör-Räumen der Polizei, von dort können sie die Arbeitsplätze perfekt überwachen.

Für die noch genauere Überwachung dient der Router-Bildschirm des Supervisors. Hier wird jeder Telefonanschluss angezeigt, ob belegt ist oder frei. Entsprechende Software teilt dem Call-Center-Agenten neue Aufträge zu, es entsteht praktisch kaum Leer-Zeit.

Die Pausen sind klar geregelt und reichen selten zur Erholung aus. In den Großraum-Büros herrscht meist ein furchtbarer Lärmpegel. Sie als Angerufener können die Hintergrundgeräusche dank moderner Technik meist nicht erkennen. Für den Call-Center-Agenten jedoch ist dies eine extreme Belastung.

Die Konflikte mit den Kunden, Belastung durch sogenannte Emotionsarbeit („immer freundlich sein"), Konflikte mit Vorgesetzten und oft auch Kollegen erhöhen den Stresspegel zusätzlich sehr. Es verwundert daher nicht, dass bei einer Studie ein signifikant erhöhter Quotient der Adrenalin- und Noradrenalin-Ausscheidung im Harn festgestellt wurde.

Dies ist ein sicherer Nachweis für eine erhöhte psychische Belastung in diesen Gruppen. Es finden sich weiter in dieser Studie deutliche Hinweise für ein erhöhtes Risiko für die Entwicklung der koronaren Herzkrankheit, insbesondere durch Hypercholesterinämie und diabetische Stoffwechsellage.

Während der Arbeitsschicht besteht eine bei Call-Center-Agenten festgestellte signifikant erhöhte Herzfrequenz sowie eine im Vergleich zu Kontrollen erniedrigte Herzfrequenzvariabilität.

Call-Center-Agenten beklagten in der Studie die ungewohnte, kurzzyklische und hoch standardisierte Tätigkeit im Call-Bereich mit geringer Entscheidungsfähigkeit. Zudem belastet neben dem Zeitdruck die enorme „Einsamkeit" am Arbeitsplatz – trotz der Dichte der Arbeitsplätze im Großraumbüro besteht kaum Möglichkeit zum kollegialen Austausch.

Der Krankenstand bei Call-Centern liegt deutlich über dem Durchschnitt, Wünsche der Mitarbeiter nach Weiterbildung und Qualifikation bleiben in der Regel unberücksichtigt. Zu wünschen lässt in Call-Centern auch meist die Kultur des wertschätzenden „Feedbacks".

Nicht selten sind die Teamleiter junge, wortgewandte Mitarbeiter, die allerdings abseits des Kunden kein langes Federlesen mit ihren Angestellten machen und diese entsprechend drangsalieren – am Ende des Tages zählt der Erfolg, gemessen an der möglichst hohen Anzahl von vermittelten Verträgen. Die nahe der Unzumutbarkeit der Arbeit liegende Struktur mancher Call-Center sollte uns zu denken geben. Wenn Sie demnächst einen Anruf eines Call-Center-Agenten bekommen, denken Sie auch an den Menschen, der am anderen Ende der Leitung sitzt.

Das Produkt müssen Sie nicht kaufen. Den Menschen würdevoll behandeln allerdings sollten wir – es reicht, wenn sein Arbeitgeber dies nicht tut.
(Quelle: ifb, Mitbestimmung im Call-Center)

„Das Merkwürdige an der Zukunft ist wohl die Vorstellung, dass man unsere Zeit später einmal die gute alte Zeit nennen wird."

(Ernest Hemingway, 1899 – 1961, amerikanischer Schriftsteller)

Zahl des Tages

(Frankfurter Allgemeine Zeitung vom 25.02.2012)

Bei den hessischen Sozialgerichten wurden im Jahr 2010 insgesamt 22.300 neue Klagen eingereicht. Davon betrafen rund 30% oder 6.687 Fälle die Angelegenheiten nach Sozialgesetzbuch II (Grundsicherung der Arbeitssuchenden)

Teil 2

Zwei Jahre später

„Lache nicht über die Dummheit anderer,
sie könnte Deine Chance sein."

Sir Winston Churchill, 1874 – 1965, britischer Staatsmann

Auf allen Bildschirmen der VierzehnNeun Ltd. wurde gleichzeitig der Text sichtbar:

Herr Bengel wird zum wiederholten Male aufgefordert, am Ende seiner Arbeitsschicht einen vollständigen Bericht über die getätigten Telefonate und entsprechenden Erfolge abzuleisten.

Diese Vorgehensweise war für die VierzehnNeun Ltd. ein normaler Vorgang. Privatsphäre gab es hier im „Team" nicht. Weiter wurden alle Mitarbeiter ohne Wahrung der Vertraulichkeit über den Bildschirm informiert, wer die Toilette wie häufig und wie lange aufsuchte. Ein ermittelter Durchschnittswert, der aufgrund der Angst der Mitarbeiter vor Sanktionen auf ein absolutes Mindestmaß gesunken war, galt als Messlatte für die Teamleiter, welche Mitarbeiter für ein persönliches Gespräch einzubestellen waren.

Die Cafeteria war seit zwei Jahren stillgelegt, ebenso waren die Pausenräume verändert, die Bestuhlung entfernt und durch Bistro-Stehtische ersetzt. Dies führte zu in den Augen des neuen Geschäftsführers zu mehr Disziplin und Ordnung. Die Mitarbeiter waren verpflichtet, nach Schichtende die Sozial- und Sanitärräume zu reinigen. Diese Einsparungspotenziale waren dem neuen Geschäftsführer nach einer Reise mit einer Billig-Airline eingefallen, bei der ihm von den zusätzlichen Aufgaben des Kabinen-Personals berichtet worden war.

Weiter waren die Mitarbeiter strengen Auflagen unterworfen, was den Austausch von betrieblichen Informationen und Stimmungslagen über die Firma betraf.

Der neue Geschäftsführer hatte gute Kenntnisse zur Haltung eines Call-Center-Agenten gegenüber seines Arbeitgebers und traute grundsätzlich niemandem über den Weg. Der Sohn des Geschäftsführers hatte sich als Supervisor neben der Aufgabe der klassischen Betriebssteuerung auch das Ausspionieren der Mitarbeiter zum Hobby gemacht und berichtete seinem Vater täglich detailliert über die Gespräche der Mitarbeiter.

Die Teamleiter waren verpflichtet, vor Schichtbeginn mit den Mitarbeitern eine „positive Stimmung" zu erzeugen und sie zu diesem Zweck aus ihren Freizeit-Erlebnissen berichten zu lassen. Klangen diese als zu wenig überzeugend, wurde über die Andeutung des möglichen Arbeitsplatzverlustes Druck aufgebaut. Auf diese Weise war die VierzehnNeun Ltd. über das Privatleben der Mitarbeiter bestens informiert und konnte Abweichler schnell identifizieren.

Im Fall eines Mitarbeiters, der über die im Gegensatz zu den bereits bekannten früheren Methoden der D.P.V. Ltd. unter der seinerzeitigen Führung jetzt noch harscheren Mittel bei der VierzehnNeun Ltd. an eine örtliche Zeitung berichten wollte, wurde der Hund des Mitarbeiters vor dem Wohnhaus mit durchgeschnittener Kehle aufgefunden.

Der Mitarbeiter, der dies als ein Zeichen seines Arbeitgebers verstand, sich zu disziplinieren, widerrief seine Kommentare gegenüber den anderen Kollegen und erhielt für seine Ergebnisse der folgenden drei Monate eine Sonderprämie zusätzlich zu dem vertraglich vereinbarten Mindestlohn. Von einer verdienten Urlaubsreise kehrte der Mitarbeiter nicht zurück.

Der neue Geschäftsführer der VierzehnNeun Ltd. hatte seinen Wohnsitz von circa fünfzig Kilometer außerhalb Berlins in die Stadtmitte verlegt. Seine Kinder und seine Frau waren in die VierzehnNeun Ltd. beruflich eingestiegen. Die Ehefrau verantwortete die Personalthemen, die Kinder betreuten Buchhaltung und Technik des Betriebes. Thomas Burgfräulein sowie Claudia und Andreas Grünbaum waren aus Nordrhein-Westfalen nach Berlin zurück gekehrt und schnell bis zur Prokura als Teamleiter aufgestiegen.

Das Geschäftsmodell war optimiert worden, es wurden keine Mitarbeiter mehr aus den Jobcentern bzw. aus dem sekundären Arbeitsmarkt rekrutiert. Aufgrund der zwischenzeitlich eingetretenen zweiten weltweiten Finanzkrise waren derart viele qualifizierte Fachkräfte händeringend auf der Suche nach potentiellen Arbeitgebern, dass auch keine Zeitungsofferten mehr nötig waren. Einfache Suchaufträge in den einschlägigen Internet-Job-Portalen führten zu einer Anfrage-Welle ohne gleichen.

Den gezahlten Mindestlohn streckte der Geschäftsführer geschickt durch Aktionen, so dass im Monatsdurchschnitt der Stundenlohn doch deutlich unter dem Mindestlohn lag. Zum Beispiel wurden Überstunden nicht gewertet, aber verlangt. Teambildungsmaßnahmen wurden als Freizeit gerechnet und Zeiten ohne Telefontätigkeit einfach nicht eingelesen. Auf diese Weise kamen auf einen rechnerischen Acht-Stundentag noch durchaus ein bis zwei unbezahlte Arbeitsstunden hinzu.

Obwohl die meisten Mitarbeiter über eine sehr gute Qualifikation verfügten, widersetzten sie sich aus Angst vor Repressalien kaum. Bei der täglichen Mitarbeiterbesprechung an den Schichtenden musste jeder Mitarbeiter etwas Positives über den Arbeitstag sagen, negative Erlebnisse mit in die „Freizeit" zu nehmen belaste diese, hatte ihnen der Motivationstrainer beigebracht.

Die Mitarbeiter hatten zudem die Aufgabe, in ihrem Freundeskreis für die VierzehnNeun Ltd. zu werben und auf diese Weise auch Kundenaufträge zu akquirieren. Für einen über diesen Kanal gewonnenen Kunden erhielt der Mitarbeiter einen Tag Sonderurlaub zu dem gesetzlich fixierten Mindest-Urlaubsanspruch hinzu. Gearbeitet wurde mittlerweile an allen Tagen der Woche bis 22 Uhr. Freie Tage mussten spätestens sechs Wochen vorher beantragt werden, nachträgliche Änderungen wurden als Verstoß gegen den Dienstplan und damit als Fehlzeit gewertet.

Die Preise an den Getränke- und Speiseautomaten waren deutlich gestiegen, das Mitbringen von privaten Getränken und Mahlzeiten aus „hygienischen Gründen" nicht gestattet.

Missbrauch wurde mit einer Geldstrafe von 200 € geahndet, die vom nächsten Lohn einbehalten wurden.

Das Gewerbeaufsichtsamt besucht Firmen mit zweifelhaftem Ruf in unregelmäßigen Abständen. Für die Mitarbeiter der VierzehnNeun Ltd. galt bei einem solchen Besuch die Maßgabe „nichts sehen, nichts hören, nichts sagen". Bei dem letzten Besuch vermerkte der Beamte folgerichtig einen vorbildlich geführten Betrieb.

Für Stichproben dieser Art bestand seitens der VierzehnNeun Ltd. ein Katalog von Kundengesprächen der ordentlichen Art – keine Spur von zweifelhaften meldepflichtigen Akquise-Telefonaten. Die Tarnung war perfekt, das Unternehmen verdiente prächtig.

Der Raubtier-Kapitalismus funktioniert auch auf der kleinen Ebene.

Der Telefonanruf riss den Geschäftsführer aus der Lektüre einer Zeitungsnachricht über Optimierungspotenziale in kleinen Unternehmen unter Umgehung der Mitbestimmungspflicht.

„Guten Tag Herr Döngermann" flötete die Stimme aus dem Hörer. „Wir möchten Ihnen heute unser aktuelles sehr günstiges Angebot aus dem Weinkontor „Günstige Flasche" vorstellen – zur Sicherheit benötigen wir nur einen Identitätsabgleich mit Ihren persönlichen Daten"…

Ende Teil 2

Epilog

Hat Ihnen diese kleine Geschichte gefallen? Haben Sie ab und zu lachen müssen, auch wenn Sie gleichzeitig Stoßgebete zum Himmel schickten, dass Ihnen ein solcher Job erspart bleiben möge?

So ist es mir auch ergangen, als ich diese Geschichte erfunden habe. Nur leider ist nicht alles erfunden, eigentlich fast gar nichts davon. Die Menschen und Orte mögen frei erfunden sein, die Handlung leider nicht.

Tagtäglich schinden sich Menschen in solchen Arbeitsverhältnissen. Für mich als selbst in guter Position tätigen Bürger ist es ein unvorstellbares Benehmen, Menschen mit miserabler Entlohnung Jobs machen zu lassen, die eigentlich niemand braucht und deren Nutzen für die Gemeinschaft damit aus meiner Sicht eher gering ist. Doch ich möchte Ihnen noch einige Stichpunkte mit auf den Weg geben, die in der Fiktion keinen Platz mehr gefunden haben.

Zum Beispiel zum Thema Leih-Arbeit. Sicher sind wir uns darüber einig, dass Leih-Arbeit per se nichts Schlechtes ist. Wir sind uns sicher auch darüber einig, dass es Menschen gibt, die die mit der Leih-Arbeit einhergehende niedrigere Entlohnung gegenüber einer Festanstellung akzeptieren, anstelle in die festen Strukturen einer Firma eingebunden zu sein.

Aber: eigentlich war die 1972 eingeführte Arbeitneh-merüberlassung darauf beschränkt, dass Unternehmen bei vollen Auftragsbüchern für einen begrenzten Zeit-raum weitere Arbeiter dazu holen können. 2004 wurden mit der ersten Hartz-Reform dann allerdings fast alle Beschränkungen aufgehoben. Seitdem haben sich die Bedingungen für Leiharbeiter mehr und mehr ver-schlechtert. Immer mehr Stammarbeitsplätze werden durch Leiharbeit und damit billigere Arbeitskräfte er-setzt. Prekäre Beschäftigung und Leiharbeit gefährden die Zukunft und die Perspektiven der Betroffenen – und die ihrer Familien.

Gleichzeitig werden die öffentlichen Kassen durch die Minder-Einnahmen belastet. Renten- und Sozialkassen leiden, die Beitragszahler sind auf staatliche Unterstüt-zung angewiesen, vielen droht Altersarmut. Brandaktuell werden Modelle aller Art in der Politik diskutiert – was daraus wird und wie lange die Suche nach einer Lösung dauert, darf unter Betrachtung sonstiger Patt-Situationen in der Politik durchaus kritisch erwartet werden.

In Deutschland arbeiten mittlerweile rund eine Million Menschen in Leiharbeit, so viele wie noch nie zuvor, die Zahl hat sich im vergangenen Jahrzehnt verdreifacht. Vermittelt werden die Leiharbeiter von etwa 17.400 Verleih-Unternehmen, die sich auf die sogenannte „Ar-beitnehmerüberlassung" spezialisiert haben. Von den überlassenen Arbeitnehmern arbeiten rund 40% der unter 35-jährigen prekär. Aus der Arbeitsform kommen die Betroffenen selbst bei guter Ausbildung nicht leicht heraus. Studien zufolge schaffen nur sieben von hundert durch Leiharbeit den Sprung in die Festanstellung. Die Hälfte der Leiharbeitsverhältnisse dauert zudem keine drei Monate. Mittlerweile wird jede dritte Stelle, die von der Bundesagentur für Arbeit angeboten wird, von einem Verleih-Unternehmen gemeldet. Der Lohn für Leiharbeit liegt um bis zu 40% unter denen der fest angestellten mit vergleichbaren Tätigkeiten – bei durchschnittlich brutto 9,71 € in der Stunde.

Folglich war in 2011 jeder zehnte Leiharbeiter gezwungen, zusätzlich zu seinem Lohn Arbeitslosengeld II zu beantragen. Zusätzlich haben Leiharbeiter das Risiko sozialer Entwurzelung zu tragen – sie müssen häufiger für einen Job einen Umzug akzeptieren oder weite Fahrtstrecken hinnehmen. Die häufigen Orts- und Arbeitsplatzwechsel und belastenden Tätigkeiten haben auch gesundheitliche Auswirkungen: Einer 2011 veröffentlichten Studie einer Krankenkasse zufolge sind Leiharbeiter im Durchschnitt länger erkrankt als ihre Kollegen der Stammbelegschaft. Die Kosten dafür trägt die soziale Gemeinschaft. Langfristig auch für Burn-Out, Depression und Armutsfalle.

Leiharbeiter haben zudem oft noch das Gefühl, Menschen zweiter Klasse zu sein und schwerere Arbeit leisten zu müssen, um im Betrieb Anerkennung zu erhalten – und eines Tages eine Festanstellung zu bekommen.

Karl-Josef Laumann (CDU) sagt in diesem Zusammenhang: „Die Würde der Erwerbstätigkeit drückt sich auch in Bezahlung aus. Für uns Christlich-Soziale ist diese Überzeugung ein politischer Auftrag."

Derweil die IG-Metall in ihrer 2011 veröffentlichten Broschüre „Arbeit auf Abwegen", aus der ich Teile der Einfachheit halber im Epilog direkt übernommen habe, auf die erschreckende Entwicklung in unserem Land hinweist, meldet die Frankfurter Allgemeine Zeitung am 31.08.2011 „Personalbedarf knackt Rekordmarke – trotz Konjunktursorgen viele neue Stellen / Studie: Niedriglohnsektor ist Sprungbrett". Darin wird über eine deutliche Nachfrage in fast allen Branchen berichtet. Die Studie des arbeitgebernahen Institut der Deutschen Wirtschaft im Auftrag der Initiative Neue Soziale Marktwirtschaft besagt, dass der Niedriglohnsektor in Deutschland für Millionen Menschen der Einstieg in eine besser bezahlte Beschäftigung ist.

Ehrlich gesagt glaube ich trotz belegter Studieninhalte einer Langzeituntersuchung seit1984 nicht, dass die in der Studie prophezeiten Sprünge in den Wohlstand so einfach klappen. Die Beispiele in unserem direkten Umfeld, die auch trauriger Ideengeber für die Geschichte in diesem Buch waren, lehren mich kritisch zu bleiben. Berechtigterweise spricht Klaus Wiesehügel, Bundesvorsitzender der IG Bauen-Agrar-Umwelt von „sozialem Sprengstoff" und forderte den flächendeckenden Mindestlohn.

In früheren Zeiten gingen die Menschen mit der Mistgabel zum Schloss und rebellierten gegen ihre Fürsten und Ausbeuter. Heute weiß scheinbar in unserem Land niemand mehr, was eine Mistgabel ist. Aber noch schlimmer, niemand weiß mehr, wohin er mit der Mistgabel gehen müsste.

Wir können nur auf einen friedlichen Verlauf hoffen, wenn das Wissen um den Verbleib der Mistgabel mit dem Wissen um das Ziel in Einklang gerät.

Da passt es doch gut zum Abschluss dieses kleinen Buches, dass die Frankfurter Allgemeine Zeitung am 13.09.2012 berichtet: „Weniger Normalbeschäftigte".
Ich erlaube mir zu zitieren: „Auch wenn die öffentliche Wahrnehmung oft anderes vermuten lässt, geht der Großteil der Beschäftigten auch in Hessen nach wie vor einem normalen Beschäftigungsverhältnis nach. Das heißt, dass sie unbefristet, voll sozialversicherungspflichtig, länger als 20 Stunden in der Woche und nicht über eine Leiharbeitsfirma vermittelt angestellt sind."

(Knapp ein Viertel der Beschäftigten in Hessen erfüllt nicht diese Kriterien und gilt damit als atypisch beschäftigt, Basis Zahlen des Landesamtes 2010, es betrifft rund 560.000 Menschen in Hessen.)

„Auch wenn die Mehrzahl noch normal angestellt ist, so sinkt ihre Zahl, während die Gruppe der atypisch Beschäftigten prozentual kräftig angewachsen ist."

Seit 2000 handelt es sich um einen Anstieg von 27%.

„Vor allem Frauen befänden sich häufig in solchen Anstellungsverhältnissen. Drei Viertel der atypisch Beschäftigten in Hessen seien weiblich, heißt es in der Mitteilung weiter. Das liegt vor allem daran, dass viele in Teilzeit arbeiten. In dieser Gruppe beträgt der Anteil der Frauen 87%. Unter den geringfügig Beschäftigten machen sie 79% aus."

Verstehen Sie mich nicht falsch – ich glaube an die soziale Marktwirtschaft. Ich vertrete durchaus kapitalistische Grundprinzipien von einer leistungsorientierten Gesellschaft. So erziehe ich meine vier Kinder, so lebe ich mein Leben. Aber genauso möchte ich, dass meine Kinder, deren Freunde und irgendwann auch meine Enkelkinder noch einen Beruf ausüben können, von dessen Lohn sie eine Familie gründen, einen kleinen Wohlstand für sich aufbauen und insbesondere von diesem einen Beruf leben können, ohne Nebenjobs ausführen zu müssen. Hierauf hoffe ich, und deshalb habe ich diese Geschichte geschrieben.

Damit Sie diese Geschichte lesen und ebenfalls kritisch hinterfragen, wer die Menschen sind, die an der Tankstelle jobben, die Sie anrufen und einen Telefontarif anbieten wollen, die irgendeinen in unserer Dienstleistungsgesellschaft unentbehrlich gewordenen schlecht bezahlten Job ausführen. Und wie Sie diese Menschen behandeln. In der nächsten Generation können es unsere eigenen Kinder sein.

Denken wir immer daran:

„Die Würde des Menschen ist unantastbar".

Quellen:
Broschüre der IG-Metall zu Leiharbeit aus 2011: Arbeit auf Abwegen. Zahlen, Daten, Fakten zur Leiharbeit in Deutschland.

Stern-Reportage 52/2011 zu einer Friseurkette

Buchtitel und Kurzbeschreibung „Leben ohne Mindestlohn – Arm wegen Arbeit" von Günter Wallraf, Frank Bsirske und Franz-Josef Möllenberg der VER.DI Publik Mai 2011, Seite 16.

„Mitbestimmung im Call-Center", ifb, Frau Engelhardt-Schagen, Arbeitsmedizinerin

Urkunden, Ausweis- & Zeitungslayouts:
Onlinewahn.de, öffentlich zugänglicher Generator für Spaß-Dokumente

Lesen Sie auch von diesem Autor:

„Mein Leben als Familienvater"
ISBN 978-3-8370-9758-0
„Mein Leben als Familienvater – es geht weiter"
ISBN 978-3-8482-2477-7

Humorvoll bissig beschreibt Hans-Peter Trimborn den Alltag in seiner (Patchwork-)Großfamilie mit zahlreichen Großeltern, Ex-Ehemann und vier Kindern zwischen jetzt drei und siebzehn Jahren.